Sibylle Münnich
**55 Fragen & Antworten
Teamarbeit in der Kita**

Sibylle Münnich ist Fachtrainerin für soziale Kompetenz, Coach und Autorin. Aufgrund ihres Erfahrungsschatzes, den sie jahrelang in Kitas sammeln durfte, unterstützt sie Fach-und Führungskräfte durch Workshops und Seminare und moderiert Entwicklungen im sozialpädagogischen Bereich. Als Impulsgeberin veröffentlicht sie Weiterbildungsliteratur in Büchern und Fachzeitschriften. Ein Schwerpunkt ihres Arbeitsfeldes ist die Beratung von Fach-und Führungskräften im sozialen Umfeld.

Sibylle Münnich

55 Fragen & Antworten

Teamarbeit in der Kita

Katrin Geppert
Hans-Grade-Str. 106
39130 Magdeburg

Bei Fragen und Anregungen wenden Sie sich bitte an unsere Berater:
Marketing, 14328 Berlin, Cornelsen Service Center,
Servicetelefon 030 / 89 785 89 29

Weitere Informationen finden Sie im Internet unter:
www.cornelsen.de/fruehe-kindheit

Lektorat: Roswitha Orawitz, Neubiberg
Umschlaggestaltung & Layout: Claudia Adam Graphik-Design, Darmstadt
Technische Umsetzung: Markus Schmitz, Büro für typographische Dienstleistungen, Altenberge
Titelillustration: © tsukiyo8 – fotolia.com

1. Auflage 2013

© 2013 Cornelsen Schulverlag GmbH, Berlin

Das Werk und seine Teile sind urheberrechtlich geschützt. Jede Nutzung in anderen als den gesetzlich zugelassenen Fällen bedarf deshalb der vorherigen schriftlichen Einwilligung des Verlages.
Hinweis zu den §§ 46, 52a UrhG: Weder das Werk noch seine Teile dürfen ohne eine solche Einwilligung eingescannt und in ein Netzwerk eingestellt oder sonst öffentlich zugänglich gemacht werden. Dies gilt auch für Intranets von Schulen und sonstigen Bildungseinrichtungen.

Druck: freiburger graphische betriebe

ISBN 978-3-589-24807-0

 Inhalt gedruckt auf säurefreiem Papier aus nachhaltiger Forstwirtschaft.

Inhalt

Gemeinsam auf dem Weg – Teamorganisation	6
Hier ist mein Platz – Der Einzelne im Team	25
Das ist uns wichtig! – Teamqualitäten	44
Ich schätze dich! – Begegnungen im Team	55
Trainerin der Mannschaft – Teamleitung	77
In Bewegung bleiben – Teamziele	87
Souverän durch den Kita-Alltag – Übungen zur Teamstärkung	94
Literatur	103
Stichwortverzeichnis	104

Fragen und Antworten zu:

Gemeinsam auf dem Weg – Teamorganisation

Teamorganisation

1 Was ist ein Team?

Als Team wird eine Gruppe von Menschen verstanden, die zusammen für ein bestimmtes Ziel arbeiten. In der Kita ist dieses Ziel die optimale Begleitung der Entwicklung und Förderung der betreuten Kinder. Jeden Tag erleben die Teammitglieder zusammen eine Vielfalt an Situationen und meistern dabei die unterschiedlichsten Herausforderungen. Dies funktioniert dann besonders gut, wenn jeder seine Aufgaben im Team genau kennt und diese motiviert ausführt. Wenn zudem abgesprochene Regeln und klare Strukturen eingehalten sowie regelmäßige Rituale gelebt werden, sind die Grundvoraussetzungen für eine erfolgreiche Zusammenarbeit geschaffen. In der Arbeit als Team kommt es darauf an, gegenseitig die Individualität der einzelnen Teammitglieder wertzuschätzen und sie als positive Ressource zur Erreichung des gemeinsamen Ziels anzusehen. Dies trägt dazu bei, im „Lebensraum Kita" eine positive Atmosphäre zu schaffen, die sowohl auf die Teammitglieder als auch auf die Kinder Einfluss hat und damit letztendlich die Qualität der Kita weiterentwickelt. Wie diese Zusammenarbeit in ihren Strukturen und Anforderungen idealerweise ausgestaltet werden sollte, ist Inhalt dieses Buches.

Die Arbeit in Kindertageseinrichtungen erfolgt zu einem großen Teil in Teams. Innerhalb einer Einrichtung wird dabei zwischen mehreren Teams unterschieden. Da wären zum einen die Teams der einzelnen Kindergruppen und zum anderen das Gesamtteam, das aus den einzelnen Gruppenteams sowie aus weiteren Fachangestellten des Hauses besteht. Die Teammitglieder treffen dabei immer in einem beruflichen Kontext aufeinander.

Folgende Punkte sind charakteristisch für die Arbeit in Teams:

- Definieren von Ritualen, Strukturen und Regeln (→ Frage 4)
- Ständige (dynamische) Entwicklung des Teamprozesses durch das Durchlaufen von Teamphasen (→ Frage 5)
- Einbringen der eigenen Persönlichkeit und des fachlichen Wissens durch die Einnahme von Rollen (→ Frage 6)
- Verteilen von Kompetenzbereichen und Aufgaben (→ Frage 7)
- Weiterentwicklung von Strukturen und Qualitäten (→ Frage 23)
- Vereinbarung, Überprüfung und Erreichung von Zielen (→ Frage 49)

In einem Team zu arbeiten, erfordert von jedem Einzelnen ein hohes Maß an sozialer Kompetenz und Motivation. Dazu ist eine positive Einstellung gegenüber sich selbst und den Kollegen notwendig, die einen respektvollen Umgang miteinander ermöglicht.

2 Wer gehört zum Team?

Genau genommen gehören alle Personen, die in der Kita in einem Angestelltenverhältnis arbeiten, zum Team der Einrichtung. Es ist eine Frage der Definition, ob auch die **Einrichtungsleitung** (→ Frage 44) in jeder Situation zum Team der pädagogischen Fachkräfte gehört. Sie trägt in erster Linie die Rolle der Vorgesetzten und muss sich deshalb in eine Position begeben, in der sie das Team mit objektivem Blick führen kann.

Ähnlich verhält es sich mit den externen Fachkräften, die besondere Tätigkeitsfelder in der Einrichtung übernehmen. In manchen Einrichtungen werden externe Mitarbeiter (z. B. Therapeuten oder Förderkräfte) in die Teamprozesse miteinbezogen, während in anderen Einrichtungen diese externen Fachkräfte eine Sonderrolle haben und nicht direkt zum Einrichtungsteam gehören. Die Bestimmung ihrer Teamzugehörigkeit ist abhängig von der Intensität ihrer Tätigkeiten in der Einrichtung sowie vom jeweiligen Einrichtungskonzept.

Das Gesamtteam einer Kindertageseinrichtung besteht somit aus

- *Pädagogischen Fachkräften*, die die einzelnen Kindergruppen betreuen,
- *Hauswirtschaftlichen Fachkräften* (wie z. B. dem Hausmeisterservice oder dem Koch),
- *Administrativen Fachkräften*, die für die Verwaltung der Einrichtung zuständig sind
- und evtl. *externen Fachkräften*, die zur konzeptionellen Erfüllung der Einrichtung beitragen sowie regelmäßig für eine konkrete Zielsetzung in der Kita eingesetzt werden (z. B. Therapeuten, Sprachlehrer oder Projektbegleiter).

Die formale Berufsbezeichnung und die damit verbundenen Aufgaben werden für die einzelnen Fachkräfte in Übereinstimmung ihres Fachwissens und für die jeweiligen Arbeitsfelder festgelegt. Jedoch interpretiert die jeweilige Fachkraft die **Rolle** (→ Frage 6) ihres Aufgabengebietes individuell. Faktoren wie ihre persönliche Entwicklung und bisherigen Berufserfahrun-

Teamorganisation

gen, ihre Motivation und die entsprechenden Herausforderungen der Stelle spielen hier eine Rolle. Eine klare Aufgaben- und Stellenbeschreibung, die mit jedem Einzelnen vereinbart, erarbeitet und weiterentwickelt wird, ist somit eine notwendige Voraussetzung für die Klarheit im Team.

3 Wodurch wird eine Gruppe zum Team?

Bevor eine Gruppe zum Team wird, ist sie zunächst eine Gruppe von Individualisten, die zusammenarbeiten. Die Mitarbeiter können sich hierbei gleich auf mehreren Ebenen unterscheiden: Im Hinblick auf ihre *Persönlichkeit* haben sie unterschiedliche berufliche und private Erfahrungen gemacht. In der Folge sind ihre *sozialen Kompetenzen* und die *Motivation*, mit der sie ihrer täglichen Arbeit nachgehen, womöglich nicht immer gleich ausgeprägt (unter Motivation werden in diesem Zusammenhang die Beweggründe sowie das Engagement des Tuns verstanden). Ihr *Fachwissen* unterscheidet sich in Abhängigkeit ihrer Berufserfahrung und ihres Bildungsstandes. Und letztendlich kann ihre *Wahrnehmung* von konkreten Situationen voneinander abweichen, was in der Konsequenz jeweils unterschiedliche Bewertungen derselben hervorbringen kann.

Ist beispielsweise das Monatsziel (→ Frage 49) die Erstellung eines Portfolio-Ordners für jedes einzelne Kind der Gruppe, kann es aufgrund der Verschiedenheit der einzelnen Mitarbeiter zu Unstimmigkeiten in der Gruppe kommen. Dies kann einem Teambildungsprozess (→ Frage 5) entgegenstehen, wenn das Ziel mit unterschiedlichen Intentionen verfolgt wird. Manche Mitarbeiter wissen womöglich gar nicht um die Inhalte und Bedeutung eines solchen Ordners (unterschiedliches Fachwissen), während andere ihre Prioritäten im pädagogischen Alltag anders setzen (unterschiedliche Motivation). Hier eine einheitliche Lösung zu finden, die trotzdem Freiraum für den Einzelnen zulässt, ist die große Herausforderung bei der Teambildung.

Um aus einer Gruppe von Individualisten ein Team entstehen zu lassen, sind insbesondere folgende Komponenten notwendig: Klare Strukturen, eine eindeutige Aufgabenverteilung, ein gemeinsames Wissen und eine klare Zieldefinition. Je klarer die Strukturen und Aufgabenverteilung sind, desto mehr Freiraum entsteht auch für Individualität (→ Frage 16). Denn in einem Team zu arbeiten bedeutet nicht, sich teilnahmslos in Strukturen einzu-

Gemeinsam auf dem Weg –

fügen, sondern diese als Orientierung gebenden Rahmen zu betrachten, der individuell ausgefüllt werden kann und soll. Ein Team braucht in jedem Fall die Individualität der einzelnen Mitglieder. In dem aufgezeigten Fall des Portfolio-Ordners könnten beispielsweise eine interne Fortbildung oder eine klärende Teamsitzung zum Thema organisiert werden, um alle Mitarbeiter auf einen gleichen Wissensstand zu bringen. Wenn gemeinsam erarbeitet wird, wie ein solcher Ordner konkret umgesetzt und wie das Monatsziel Schritt für Schritt erreicht werden kann, wissen die einzelnen Mitarbeiter, was von ihnen erwartet wird. Auf diese Weise wird das Ziel klar definiert sowie die Aufgaben eindeutig verteilt.

Neben diesen strukturellen Rahmenbedingungen kommt es aber auch immer auf die jeweiligen Personen an, damit eine Gruppe von Individualisten zum Team wird. Die Motivation (→ Frage 15) als Teil einer Gruppe agieren *zu wollen*, ist bei jedem Mitglied der Gruppe erforderlich. Auch spielen hier die sozialen Kompetenzen (→ Frage 14) des Einzelnen eine wichtige Rolle, die Teamarbeit überhaupt erst ermöglichen. Die sozialen Fähigkeiten können in Teamübungen (→ Frage 52–55) regelmäßig aufgegriffen, gefördert und reflektiert werden.

Zudem sind regelmäßige Einheiten von hoher Bedeutung, die den Teamgeist stärken und bewusst das Team definieren. Der Satz „Ich erlebe mich als Teil eines Teams" hat eine andere Qualität als „Sie sind nun Teil eines Teams". Alles, was von den Teammitgliedern als positives „Wir-Gefühl" (→ Frage 26) erlebt wird, bleibt viel länger präsent als nur eine reine Teamdefinition. Eine Voraussetzung für dieses Wir-Gefühl ist eben dieses Schaffen der Rahmenbedingungen, wie eine klare Struktur und eine konkrete, verbindliche Aufgabenverteilung.

4 Welche Regeln gelten in einem Team?

Die Regeln, die ein Team für sich aufstellt, haben für alle Teammitglieder Gültigkeit. Insofern sollten sie auch mit allen erarbeitet und für alle verständlich schriftlich festgelegt werden. Ebenso passen sich die Regeln an die Dynamik und Phasen des Teams (→ Frage 5) sowie an die aktuellen Gegebenheiten im Team an. Deshalb ist es sinnvoll, diese Regeln immer wieder zu hinterfragen und gegebenenfalls neu zu definieren. Dies muss nicht

Teamorganisation

zwangsläufig stets in Form eines Protokolls sein, genauso gut können Regeln eines Teams kreativ gestaltet werden, beispielsweise in Form einer Verkehrsampel: Bei Rot wird Unerwünschtes mit entsprechenden Lösungsmöglichkeiten in Form von „Das geht gar nicht! Mach doch lieber folgendes!", bei Gelb werden Werte in Form von „Darauf ist zu achten!" und bei Grün „Das finden wir gut!" aufgemalt. Auch „Regelbäume" mit süßen (für die positiven Werte) und gesunden Früchten (Regeln, für einen gesunden Umgang miteinander) können den Regeln eine bildliche Darstellungskraft verleihen. Der Einzelne identifiziert sich mit einer gemeinsam gestalteten, ausdrucksvollen Grafik mit aufgeführten Regeln mehr als mit strengen Notizen.

Besonders in folgenden Bereichen sollten Regeln des gemeinsamen Umgangs zusammen erarbeitet werden:

- Qualitäten *des sozialen Miteinanders* umfassen Werte, die zum einen den Umgang miteinander ermöglichen und ihn auf eine respektvolle Weise gestalten. Zum anderen sind das aber auch Werte, die wir Kindern und Familien als Vorbild erlebbar machen möchten und als pädagogische Fachkräfte vermitteln und vorleben.
- Definitionen zu den *Qualitäten des (beruflichen) Miteinanders* sind sinnvoll, um effektiv miteinander zu arbeiten und um pauschale Schlagwörter wie z. B. Ehrlichkeit, Vertrauen, Teamfähigkeit (→ Frage 13) konkret im individuellen Kontext zu definieren.

Regeln für eine wertschätzende Kommunikation (→ Frage 30–33) können definiert, müssen aber noch mehr vorgelebt werden. In der Umsetzung zeigt sich, welche Kommunikationsstrategien Wertschätzung vermitteln und wie die gemeinsame Interaktion vom Gegenüber wahrgenommen wird. Fragen in dieser Reflexionseinheit können sein: „Welches Kommunikationsverhalten haben wir als erfolgreich erlebt, sodass der andere sich verstanden und informiert gefühlt hat? Was ist eher hinderlich in der Interaktion miteinander? Wie definieren wir faire Kritik (→ Frage 36)?"

Es sollte darauf geachtet werden, diese Regeln nicht negativ (im Sinne von Verboten) zu formulieren, sondern sie positiv (im Sinne von Aufforderungen) zu gestalten. Auf diese Weise wird nach und nach das soziale Miteinander definiert. Ganz nach dem Motto: „Wir wissen jetzt, was wir regeln müssen und welches Verhalten wir im Team nicht möchten. Jetzt überlegen wir uns, wie wir Teamarbeit (→ Frage 20) gestalten und welche Wünsche wir diesbezüglich haben."

Werden jedoch zu viele Team-Regeln festgelegt, verdeckt dies oftmals die Sicht auf das eigentlich Wichtige, nämlich das *Leben* eines wertschätzenden Umgangs miteinander. Es ist wichtig, wenige (dafür aber ausgewählte und klar definierte) Regeln für ein Miteinander zu finden.

5. Welche Teamphasen gibt es?

Jedes Team bzw. alle Mitglieder eines Teams durchlaufen bestimmte Teamphasen, während der alltäglichen Zusammenarbeit. Diese Phasen sind jedoch nicht so zu verstehen, dass sie immer chronologisch oder für alle Mitglieder zeitgleich ablaufen. Sie dienen gewissermaßen als analytisches Beobachtungswerkzeug der Team-/Kita-Leitung (→ Frage 44), um das Verhalten der einzelnen Teammitglieder einordnen und damit unterstützend wirken zu können. Gleichzeitig ermöglicht diese Einordnung aber auch, sich auf die jeweiligen Phasen des Miteinanders einzustellen und dort jeweils zielorientiert zu handeln. Denn jede Phase geht mit unterschiedlichen Herausforderungen einher, die es zu lösen gilt. Hier eine Kategorisierung der Teamphasen:

1. Phase „Entstehung": In dieser Phase lernt das Teammitglied umfassend die Einrichtung sowie Aufgabengebiete und Kollegen kennen. Der Einzelne sucht Orientierung in Strukturen oder im Einordnen von Verhaltensweisen der Kollegen und Vorgesetzten. Die Mitglieder passen sich den bewährten Systemen an und übernehmen teilweise dominierende Verhaltensweisen der Kollegen und Vorgesetzten. Die Aufgabe des Teams besteht darin, Strukturen zu erarbeiten. Es setzt sich kleine Teilziele, die für alle Mitglieder machbar sind. Vorteilhaft in dieser Phase ist das aktive Zuhören und eine klare Definition der Aufgabengebiete. Die Aufgabe der Teamleitung besteht in der Begleitung und Moderation dieses Teamprozesses. Sie fragt aktiv nach, ob Wissen und Informationen sowie Arbeitsabläufe klar sind, hört aktiv zu und ist für die einzelnen Teammitglieder in hohem Maße präsent und ansprechbar.

2. Phase „Auseinandersetzung": Die Teammitglieder hinterfragen die bisherigen Strukturen und distanzieren sich teilweise von ihnen – auch lösen sie sich in dieser Phase meist von nachgeahmten Verhaltensweisen. Ein Streben nach eigenen Handlungsmöglichkeiten im Kontext der Kita steht im

Teamorganisation

Vordergrund. Zudem wird die eigene Rolle (→ Frage 6, 12) ausgetestet und somit definiert. Dieses Streben nach Autonomie kann auch Konflikte (→ Frage 39–42) hervorrufen, da sich Rollen wie auch Strukturen verändern. Das Team braucht Zeit für klärende Gespräche, um sich mit den Veränderungen und der Neufindung von Rollen- und Aufgabenprofilen (→ Frage 7) auseinanderzusetzen. Des Weiteren braucht es klare Regeldefinitionen für den Umgang miteinander. Hier sollte darüber hinaus ausreichend Team-Zeit für Planungen und Reflexion der Veränderungen (→ Frage 9, 19) eingeräumt werden, die idealerweise transparent und somit für alle nachvollziehbar gemacht werden. Zudem ist die Motivation (→ Frage 48) jedes Teammitgliedes gefragt, um die aktive Mitarbeit bei der Konfliktlösung zu gewährleisten. Die Aufgaben der Teamleitung bestehen auch hier darin, Präsenz zu zeigen, da durch die Veränderungen einiges an Konfliktpotenzial in der Luft liegt. Zudem begleitet sie diese Veränderungen (indem sie hilft, diese transparent zu machen) und unterstützt den Einzelnen in seiner Rollenfindung (durch aktives Zuhören).

3. Phase „Strukturierung": Die einzelnen Teammitglieder entwickeln klare Rollenprofile und organisieren ihre Aufgabengebiete und arbeiten erneut an den Regeln für den Umgang miteinander. Jetzt ist es an der Zeit, gemeinsame Ziele (→ Frage 49) zu erarbeiten und zu planen. Somit liegt der Fokus der Teammitglieder auf der Arbeit mit den Zielgruppen, da die Rollen und Aufgaben in den vorherigen Schritten geklärt wurden. Damit sich der Einzelne ganz auf die pädagogische Arbeit konzentrieren kann, werden die Strukturen transparent dargestellt. Die Teamleitung übernimmt die Strukturierung der einzelnen Aufgabenbereiche und interveniert bzw. entscheidet im Fall von Überschneidungen der Kompetenzbereiche. Dies kann durch unterstützende Gespräche (→ Frage 32) in der Rollenfindungsphase sichergestellt werden. Außerdem wägt die Leitung ab, welche bewährten und neuen Strukturen wichtig, haltgebend und motivationsfördernd für das Team sind.

4. Phase „Entfaltung und Weiterentwicklung": Bei den Fachkräften stellt sich eine Sicherheit in der Bewältigung ihrer Aufgaben und ihrer Position ein. Auf dieser Grundlage können sie sich in ihren Arbeitsfeldern individuell entfalten und diese zur optimalen Leistung ausweiten. In dieser Phase wird die Qualität der Einrichtung maßgeblich weiterentwickelt und weitreichende Ziele werden geplant. Die Teammitglieder bringen ihre Ideen, Stärken und Fähigkeiten in die Weiterentwicklung der Qualität der Einrichtung ein. Um eine optimale Qualität zu entwickeln, unterstützen (→ Frage 21) sich die einzelnen Teammitglieder gegenseitig in Arbeitsabläufen und Ziel-

Gemeinsam auf dem Weg –

führungs-Prozessen. Die Teamleitung moderiert und leitet die weitreichenden Zielprozesse. Sie sollte außerdem ausgewählte und ausreichende Möglichkeiten zur Beteiligung und Mitentscheidung bieten, denn dies fördert das Verantwortungsbewusstsein (→ Frage 46). Die individuelle Entwicklung wird begleitet und somit die Motivation erhalten.

In der Praxis hat sich gezeigt, dass diese Phasen nicht immer unmittelbar aufeinander folgen müssen. Entsteht eine Veränderung, so werden sich betroffene Teammitglieder wieder mit der *Phase der Auseinandersetzung* beschäftigen, während sich weniger betroffene Fachkräfte der *Phase der Entfaltung und Weiterentwicklung* widmen. Es ist also nicht immer der Fall, dass sich alle Teammitglieder immer in der gleichen Phase befinden. Durch Beobachtungen und Gesprächsdokumentationen des Einzelnen und des Teams lassen sich relativ gut die jeweiligen Phasen der Teammitglieder erkennen.

6 Was gibt es zur Rolle im Team zu wissen?

Die Rolle der Pädagogischen Fachkraft ist vielfältig und beinhaltet daher die unterschiedlichsten Facetten. Diese Facetten begegnen uns im Kita-Alltag ständig: Wir verhalten uns anders, wenn wir über problematische Situationen mit einer Kindergartenmutter sprechen, mit einer Kollegin über das gelungene Sommerfest plaudern oder in einem Mitarbeitergespräch mit der Vorgesetzten neue Ziele definieren. Ob als Erzieherpartnerin, Kollegin oder Mitarbeiterin (→ Frage 45), jede Situation erfordert andere Verhaltensweisen, eben eine andere Facette der Pädagogen-Rolle. In der Arbeitswelt nehmen wir somit immer eine Rolle ein, mit der bestimmte Erwartungen und Verhaltensweisen verbunden sind.

In erster Linie wird die eigene Rolle im Arbeitsteam durch die zu bewältigenden Aufgaben und Arbeitsfelder definiert, die vom Träger vorgegeben werden. Sie stellen die feste Basis der eigenen Rolle dar. Was dieser aber Charakter verleiht, sind die persönlichen Vorstellungen und Erwartungen des Einzelnen, die in die Rolle interpretiert werden. Dies ist ein ständiger Findungsprozess, der nie abgeschlossen ist. Er ist abhängig von der eigenen Stabilität, den persönlichen Stärken sowie der jeweiligen Situation mit den entsprechenden Aufgaben und Herausforderungen.

Teamorganisation

Die Rolle setzt sich aus dem Zusammenwirken folgender Bereiche zusammen:

- *Genaue Beschreibung* des Arbeitsfeldes mit klaren Aufgaben.
- *Erwartungen der Vorgesetzten*, die erfragt bzw. mitgeteilt werden.
- *Eigene Erwartungen*, die von den eigenen Erfahrungen, Fähigkeiten und Stärken geprägt sind.
- *Fremd- und Eigenmotivation:* Hier sind die Gründe aufzuführen, warum die Stelle mit der eigenen Person besetzt wurde (Fremdmotivation) sowie Gründe, warum man selber die Stelle wählte und mit welchem Antrieb man sie ausfüllt (Eigenmotivation).

Die Kunst in der Definition der eigenen Rolle besteht darin, ausgehend von den Aufgabenstellungen und den Erwartungen des Umfelds, die eigene Erwartung und Motivation ebenso einzubringen und dabei die Ziele der Einrichtung und die vereinbarten Ziele des Teams umzusetzen. Lassen sich aufgrund von bestimmten Entwicklungen die Ziele einzelner Teammitgliedern nicht mehr mit Zielen der Einrichtung vereinbaren, so sollten Veränderungen (für das Teammitglied oder für die Einrichtung) in Erwägung gezogen werden.

Eine allgemeine Einordnung seiner Arbeitskollegen in bestimmte Rollen (nach dem Muster „der Mitläufer", „der Anführer", „der Macher" etc.) ist problematisch. Es ist verständlich und nachvollziehbar, dass man mit der Zeit ein bestimmtes Bild von seinen Arbeitskollegen bekommt, was wahrscheinlich am leichtesten mit Begriffen wie z. B. die „Anführerin" oder der „Mitläufer" umschrieben werden kann. Man sollte sich jedoch bewusst machen, dass mit solch einer Kategorisierung auch immer unterbewusst ein entsprechendes Verhalten dieser Person gegenüber verbunden ist. Die Gefahr ist groß, sie gemäß der zugeschriebenen Rolle abzustempeln und nur noch die Aspekte an ihr wahrzunehmen, die im Einklang mit diesem Rollenbild stehen. Beispielsweise kann es passieren, dass man in bestimmten Situationen einfach für den vermeintlichen „Mitläufer" mitentscheidet, ohne seine Meinung vorher einzuholen, obwohl dieser vielleicht gerade zu diesem Thema fachlich gute Argumente und Ideen liefern könnte. Wenn wir ein bestimmtes Rollenbild einer Person gegenüber haben, ist dies immer auch mit entsprechenden Handlungsweisen ihr gegenüber verbunden (indem man wie aufgezeigt z. B. den „Mitläufer" gar nicht mehr fragt). Die Person wird demzufolge immer weiter in eine vorgefertigte Rolle gedrängt, obwohl sie viele weitere Facetten hat, die sie in bestimmten Kontexten und Aufgabenbereichen auch zeigt. Man sollte somit die (Rollen-)Bilder, die wir von unseren Kollegen mit der Zeit entwickeln, reflektieren und hinterfragen und auch bereit sein, diese zu verändern und anzupassen.

Um die eigene Rolle für sich selbst sichtbar zu machen, kann man folgendes Experiment durchführen: Man reiht die Aufgaben, Fähigkeiten und Stärken, die die Arbeitsstelle erfordert, aneinander und entwickelt und reflektiert ausgehend hiervon die eigene Rolle immer weiter. Beispielsweise war man im letzten Monat ein „Projekteplanermusikmachergutzuhörerelternunterstützer", während man durch die Übernahme weiterer Aufgaben in diesem Monat zu einem „Projekteplanermusikmachergutzuhörerelternunterstützer-*vertredenterkitaleiter*" geworden ist.

7 Welche Aufgaben gibt es in einem Team?

Stellen wir uns eine Fußballmannschaft vor, so gibt es klare Rollen (→ Frage 6), die die Spieler einnehmen, z. B. Torwart, Verteidiger oder Stürmer. Jede Rolle ist mit unterschiedlichen Aufgaben verbunden: Es gibt auf der einen Seite Rollen, die defensiv und zur Verteidigung vorgesehen sind, sowie auf der anderen Seite Rollen, die offensiv sind und dem Angriff dienen. Entscheidend ist hierbei, dass *jeder* Aufgabenträger für den Erfolg der Mannschaft wichtig ist. An diesem Beispiel wird ersichtlich, dass unterschiedliche Aufgaben klar verteilt und wahrgenommen werden müssen, damit ein Team als Team funktioniert. Hierfür müssen die Fragen der Zuständigkeiten geklärt sein, d. h. wer welche Aufgaben mit damit verbundener Verantwortung übernimmt. Dies ist Aufgabe des gesamten Teams. Sie orientiert sich an den zu lösenden internen Abstimmungen, die innerhalb der Zusammenarbeit auftauchen:

Strukturen erarbeiten: Die zu erarbeitenden Strukturen sind eine Mischung von Aufgaben und Abläufen, die für alle sichtbar definiert und dargestellt werden sollten. Hier geht es darum, sinnvolle und hilfreiche Abläufe gemeinsam zu erarbeiten. Sollten sich gewisse Abläufe als „Bremse" herausstellen und einen reibungslosen Kita-Alltag be- oder verhindern, so sollten diese reflektiert und verändert werden. Die Strukturen sollten für alle Teammitglieder einsehbar und eindeutig formuliert sein.

Teamkultur pflegen: Bei diesem Punkt geht es um das Erarbeiten, Überprüfen und Reflektieren der einzelnen Punkte der Teamkultur (→ Frage 25).

Teamorganisation

Eine entsprechende Teamkultur dient als Orientierung für alle Mitarbeiter. Sie ist dafür da, sich an Festgelegtes verbindlich zu halten. Hierzu gehört auch die aktive Weiterentwicklung, weshalb auch alle Teammitglieder hier in der Pflicht genommen werden sollten, z. B. durch regelmäßige Reflexionseinheiten, bei denen jeder seine Meinung äußert.

Konflikte lösen: Dass Konflikte (→ Frage 39–42) in der täglichen Arbeit miteinander auftauchen, ist normal und menschlich. Entscheidend ist, wie mit ihnen umgegangen wird. Zunächst sollte der Konflikt identifiziert werden, indem die beteiligten Parteien ihre Sichtweise auf den Sachverhalt äußern. Die Kita-Leitung bzw. ein „Konfliktbegleiter", der vom Team als neutrale Person gewählt wurde, sollten sich hier um Objektivität bemühen. In einem zweiten Schritt können dann Lösungsstrategien und Kompromisse erarbeitet werden, die überprüft und reflektiert werden sollten.

Rituale pflegen: Rituale helfen, den Tag zu strukturieren und durch ihren immer gleichen Ablauf Orientierung zu geben. Teamrituale, wie z. B. die Durchführung von Geburtstags- oder Weihnachtsfeiern, sollten erarbeitet sowie auch regelmäßig durchgeführt werden. Auch hier empfiehlt es sich, die Rituale immer wieder auf deren Effektivität zu überprüfen und gegebenenfalls zu verändern. Die Verantwortung für einzelne Rituale kann auf die jeweiligen Teammitglieder übertragen werden, sodass ein Teammitglied z. B. jeweils für die Durchführung und Organisation eines Rituals verantwortlich ist.

Organisieren: Es ist notwendig, die sachlichen Inhalte sowie aktuellen Themen des Teams zu sammeln, damit diese in der Teamsitzung gemeinsam besprochen werden können. Mögliche Themen könnten hierbei sein: die Überprüfung der Effektivität gewisser Abläufe, bevorstehende Aktivitäten oder konzeptionelle Weiterentwicklungen. Die Organisation dieser Themen sollte von den Führungskräften der Kita bzw. ausgewählte Mitarbeiter übernommen werden.

Reflexion: Das Reflektieren der eigenen Arbeit sowie der Arbeit des Teams ist eine sehr wichtige Aufgabe, die der Qualitätssicherung und -steigerung der gesamten Einrichtung dient. Sie sollte daher regelmäßig durchgeführt werden. Reflexionsbögen können hierbei eine Hilfe darstellen, mit einem anderen Blickwinkel auf Geschehenes bzw. aktuelle Strukturen zu blicken. Die Themen und Fragen, die sich aus der Reflexion ergeben, sollten in den Teamsitzungen aufgegriffen werden und gegebenenfalls zu einer Anpassung der internen Teamstrukturen führen. Diese verantwortungsvolle Aufgabe

Gemeinsam auf dem Weg –

kann von einem ausgewählten Teammitglied oder einer kompetenten Projektgruppe übernommen werden.

Bestimmt gibt es je nach Einrichtung noch weitere Aufgaben in der Teamarbeit. In der Kita gleicht kein Tag dem anderen und es müssen viele Aufgaben bewältigt werden. Je klarer sie definiert werden, desto einfacher sind sie zu erfüllen.

Für die Aufteilung der jeweiligen Aufgaben ist es zunächst sinnvoll, dass alle Tätigkeiten, die noch nicht eindeutig einer Person zugeteilt wurden, aufgeschrieben werden. Sie können dann nach Fähigkeiten, Kompetenzbereichen und rechtlichen Grundlagen den entsprechenden Teammitgliedern zugewiesen werden.

8 Welche formellen Strukturen zeigt ein Team auf?

Die Strukturen eines Teams, bzw. genauer die formellen Positionen im Team, lassen sich am besten in einem Organigramm darstellen. Dieses Modell zeigt auf, wie eine Einrichtung organisiert ist und wer für welche Aufgabenbereiche verantwortlich ist. Ein Organigramm ist eine Grafik, die in einem Unternehmen die personelle Struktur sowie die formellen Positionen aufzeigt.

Dieses Organigramm sollte sowohl den Mitarbeitern als auch den Eltern bekannt sein. Somit ist für alle Beteiligten schnell ersichtlich, mit welchen Fragen sie sich an welche Person wenden können. Für die Mitarbeiter dient ein Organigramm außerdem dazu, das Einhalten der formellen Dienstwege zu gewährleisten.

Ein Organigramm weist eine hierarchische Struktur auf. Wie diese im Kita-Alltag umgesetzt wird und wie die Aufgabengebiete mit den jeweiligen Positionen verbunden sind, bleibt den Vorgesetzten der Einrichtung und in manchen Fällen auch dem Team überlassen. Wichtig ist, dass jeder Vorgesetzte und jedes Teammitglied im Konkreten weiß, welche Verpflichtungen und **Aufgaben** (→ Frage 7) mit seiner Position verbunden sind.

Jede Einrichtung sollte ihr eigenes Organigramm erstellen und dieses zugänglich machen. In diesem müssen sich *alle* Mitarbeiter finden, auch Hauswirtschaftskräfte und Praktikanten. Aufgaben und Kompetenzbereiche können im Organigramm ebenfalls eingetragen werden. Gibt es eine **Veränderung** (→ Frage 9), so wird auch das Organigramm verändert und die daraus entstehenden Konsequenzen (z. B. eine neue Aufteilung der Aufgabenbereiche) werden definiert und wieder in das Organigramm eingetragen.

9 Wie kann ein Team Veränderungen bewältigen?

Wie überall in der Arbeitswelt auch, sind ebenso Kitas Einflüssen ausgesetzt, die Veränderungen im täglichen Arbeitsablauf erforderlich machen können. So kann beispielsweise eine veränderte (gestiegene) Nachfrage dazu führen, dass die Einrichtung hierauf reagieren muss. Solche Veränderungen ziehen eine Reihe offener Fragen mit sich, die zunächst gelöst werden müssen, bevor die Einrichtung zu einem „reibungslosen Ablauf" zurückkehren kann.

Veränderungen haben jedoch nicht nur Einfluss auf eine strukturelle Ebene von veränderten Abläufen und Zuständigkeiten, sondern wirken sich auch auf die Befindlichkeit der Teammitglieder aus, da diese sich auf die neue und ungewohnte Situation einstellen müssen. Diese Zeit sollte ihnen zugestanden werden und sie sollten hierbei angemessen von Kollegen und der Kita-Leitung begleitet werden. Denn man darf nicht vergessen, dass Veränderungen immer eine Herausforderung für alle Teammitglieder darstellen. Zudem nimmt jeder Mitarbeiter aufgrund seiner Persönlichkeitsstruktur und seinen Erfahrungen Veränderungen anders wahr.

Wenn es um Veränderungen in der Kindertageseinrichtung geht, kann man grundsätzlich zwei Formen unterscheiden: Die *äußeren Veränderungen* betreffen die Wirkung der Kita nach außen sowie ihr konzeptionelles Erscheinungsbild (z. B. konzeptionelle Veränderungen, Veränderungen in Bildungs- und Erziehungsaufgaben, Zielgruppenerweiterung). *Innere Veränderungen* hingegen beeinflussen direkt die Mitarbeiter sowie ihre Zusammenarbeit im Team (z. B. Kündigung im Team, Weiterbildung von Mitarbeitern, Veränderung der Persönlichkeit oder der Motivation eines Mitarbeiters).

Ein kurzes Beispiel hierzu: Eine Bedarfsanalyse hat ergeben, dass es im **Umfeld der Kita** (→ Frage 24) eine Nachfrage nach sog. „Familiengruppen" gibt, in der Krippen-, Kindergarten- und Schulkinder im Alter von ein bis zehn

Jahren zusammen leben und lernen sollen. Die Kita plant daraufhin ein Pilotprojekt und führt zunächst eine solche „Familiengruppe" ein. Nach dieser Erprobungsphase und bei Erfolg dieser neuen Gruppenform sollen weitere Familiengruppen eingeführt werden (äußere Veränderung). Es ist nachvollziehbar, dass die Mitarbeiter der Kita mit gemischten Gefühlen in dieses Projekt und die sich anbahnende Umbruchphase gehen, da sich mit der Zeit ihre Aufgabenfelder womöglich gänzlich verändern werden (innere Veränderung). An diesem Beispiel wird auch ersichtlich, dass am Anfang einer Veränderung oftmals nicht ihr gesamtes Ausmaß bekannt ist. Gerade deshalb ist es umso wichtiger, dass die Kita-Leitung zusammen mit den betroffenen Teams bzw. Mitarbeitern die Veränderung gemeinsam erarbeitet.

Bei gravierenden Veränderungen muss auf jeden Einzelnen im Team eingegangen werden, auch wenn dieser scheinbar nur mittelbar von ihnen betroffen ist. Die Teamdynamik wird schnell übertragen und aus Unsicherheiten können Missverständnisse und Konflikte (→ Frage 39) entstehen. Aus Veränderungen entsteht immer auch ein neuer Teamfindungsprozess (→ Frage 5), da Rollen (→ Frage 6) gefunden und neue Aufgabenfelder definiert werden müssen. Nachfolgend sind daher einige Impulse aufgeführt, wie die Kita bzw. Teams mit Veränderungen umgehen können:

Veränderungen definieren und sichtbar machen: Das Team erstellt auf einem großen Plakat eine Gedankensammlung in Form einer Grafik, bei der die entsprechende Veränderung im Mittelpunkt steht. Außenherum stehen die Namen der Teammitglieder. Nun wird überlegt, was diese Veränderung für *jeden Einzelnen* bedeutet, welche jeweilige Unterstützung benötigt wird und welche Lösungsmöglichkeiten es hierfür gibt. Diese Grafik sollte in regelmäßigen Abständen reflektiert werden. Dabei können weitere Lösungsansätze auf diesem Plakat festgehalten werden. Bei persönlichen Veränderungen, die die Rolle einzelner Mitarbeiter stark beeinflussen, bietet sich ein persönliches Gespräch im geschützten Rahmen mit den Betroffenen an.

Konsequenzen der Veränderung: Nach dem ersten Schritt des sichtbar Machens werden die Konsequenzen der Veränderung für jeden Einzelnen bezüglich seines Arbeitsfelds erörtert. Anschließend werden (wenn nötig) Aufgaben und Tätigkeitsfelder neu verteilt und konkret definiert. Bei weitreichenderen Veränderungen sollten unbedingt Einzelgespräche mit Zielvereinbarungen (→ Frage 47) zwischen Kita-Leitung und Mitarbeitern durchgeführt werden.

Unterstützungsmöglichkeiten: Für diesen Schritt brauchen die Teammitglieder eine stabile Beziehung (→ Frage 15) zu ihren Kollegen und sollten

Teamorganisation

sich sicher in ihrem Arbeitsfeld fühlen. Nur so sind sie bereit, bei Bedarf Unterstützung (→ Frage 21) anzufordern oder auch selbst Unterstützung anzubieten. „Wie können wir uns gegenseitig in dem Veränderungsprozess unterstützen?", heißt also die Frage, die in diesem Schritt geklärt werden muss.

Chance der Weiterentwicklung darstellen: Eine Akzeptanz der Mitarbeiter in Bezug auf die Veränderung ist enorm wichtig. Veränderungen lassen sich am besten bewältigen, wenn mit ihnen positive Gefühle verbunden sind. Und auch wenn man es zunächst nicht glauben mag, positive Punkte lassen sich finden. „Welche positiven Entwicklungen bringen die Veränderungen mit sich? Wie können die einzelnen Teammitglieder und das gesamte Team von der Veränderung profitieren?" Die Klärung dieser Fragen hilft dabei, die positiven Aspekte zu finden, die aus der Veränderung hervorgehen. Denn Veränderungen sind trotz aller Herausforderungen immer auch eine Chance zur Weiterentwicklung. Dies gilt es hier aufzuzeigen.

10 Welche Herausforderungen gibt es in der Teamarbeit?

Veränderungen (→ Frage 9) sind sicherlich eine der großen Herausforderungen, die ein Team zu bewältigen hat. Weitere Herausforderungen liegen im Bereich der Kommunikation (→ Frage 30–33) der einzelnen Kollegen untereinander, der *Organisation* der internen Abläufe sowie der unterschiedlichen persönlichen *Wahrnehmung* des Einzelnen von gewissen Situationen. In der Praxis hat sich gezeigt, dass insbesondere in folgenden Bereichen Herausforderungen in der täglichen Zusammenarbeit als Team liegen:

Faktor Zeit: Sich Zeit nehmen ist eine Herausforderung in der alltäglichen Teamarbeit, da natürlich der Fokus jeder pädagogischen Fachkraft auf der Bildungs- und Erziehungsarbeit liegt und hier auch bleiben muss. Prioritäten setzen hilft dabei, die anstehenden Aufgaben zu strukturieren, damit auch qualitative Zeit für den Beziehungsaufbau (→ Frage 15) innerhalb des Teams übrig bleibt.

Diskrepanz zwischen Selbst- und Fremdwahrnehmung: Es kann immer wieder passieren, dass Mitarbeiter die eigenen Fähigkeiten über- bzw. unterschätzen oder Handlungen anders wahrnehmen als ihre Kollegen. Hier sollte der entsprechende Sachverhalt sensibel aufgezeigt werden, indem klare

Fakten der Situation anschaulich dargestellt werden. Anschließend können die beteiligten Parteien erweiterte Handlungs- und Lösungsmöglichkeiten gemeinsam erarbeiten.

Überforderung: Teammitglieder sind mit einer Aufgabe aufgrund mangelnder Kompetenzen oder Motivation überfordert. In so einem Fall sollten Unterstützungsmöglichkeiten erarbeitet werden, beispielsweise eine Erweiterung der Kompetenzen durch Weiterbildung oder kollegiale Beratung. Bei mangelnder Motivation (→ Frage 48) sollten zunächst die Ursachen der Demotivation geklärt werden. Die Teamleitung erarbeitet dann zusammen mit dem Mitarbeiter einen Lösungsplan. Dieser beinhaltet Zeitfenster, wie und zu welchem Zeitpunkt motivierende Erfolge aussehen bzw. erreicht sein könnten.

Missverständnisse: Missverständnisse (→ Frage 39) entstehen meistens aufgrund unterschiedlicher Wahrnehmung und Interpretation einer Situation bzw. auch aufgrund ungenauen Nachfragens. Genau hier sollte angesetzt werden, indem bei Kollegen klar nachgefragt wird (im Zweifelsfall sollten auch einzelne Wörter erfragt werden), wenn der Eindruck entsteht, dass etwas an der Situation gerade nicht stimmt. Das Vorbeugen von Missverständnissen ist auch der Grund, warum Besprechungspunkte in Teamsitzungen (→ Frage 38) schriftlich festgehalten werden sollten. Der „gemeinte Sinn" eines Punktes wird durch eine klare und eindeutige Formulierung allen Mitarbeitern des Teams zugänglich gemacht. Hinzu kommt, dass durch die Verschriftlichung auch eine Verbindlichkeit geschaffen wird, sich an diese Punkte zu halten und der Interpretationsspielraum somit kleiner wird.

Rückzug: Ein Teammitglied verschließt sich zunehmend vor den Fragen der Kollegen oder gibt einsilbige Antworten. Hinter solch einem Verhalten können Demotivation, Angst oder Verunsicherung stecken. Es wird somit seinen Grund haben, warum er oder sie sich zurückzieht (→ Frage 17). In so einem Fall sollte man auf den Kollegen bzw. die Kollegin zugehen und Fragen stellen. Reagiert er oder sie nicht, sollte man dennoch behutsam weiter nachhaken. Bestimmt gibt es ein Erlebnis aus dem Kita-Alltag, worauf das Teammitglied ins Erzählen kommt. An diese Kommunikation kann dann angeknüpft und die Gründe für seinen bzw. ihren Rückzug erschlossen werden. Eine Klärung der Situation sollte dann gemeinsam herbeigeführt werden.

Erwartungen: Wenn die Erwartungen einzelner Kollegen weit auseinander gehen, sollten diese auf Realitätsrelevanz und Machbarkeit überprüft wer-

Teamorganisation

den. Eine Prioritätenliste, die die Erwartungen beider Seiten enthält, kann dabei helfen, Schnittmengen und Kompromisse zu finden.

Diese hier beschriebenen Herausforderungen des Kita-Alltags können zu weiteren Auseinandersetzungen wie Konflikten (→ Frage 39–42) führen. Bei komplexeren Angelegenheiten ist auf jeden Fall die Kita-Leitung mit ins Boot zu holen. Entweder sie oder eine andere neutrale Person wird dann die Konfliktlösung begleiten.

11 Was macht ein erfolgreiches Team aus?

Ein erfolgreiches Team setzt sich aus motivierten Fachkräften zusammen, die gemeinsam für ein Ziel arbeiten. Dieses Ziel dient in der Kita letztendlich immer dem Wohl der Kinder. Da ein Team aus einzelnen Personen besteht, herrscht hier auch immer eine gewisse Gruppendynamik. Positive, aber auch negative Entwicklungen können schnell eine Eigendynamik bekommen, die sich nach und nach auf die einzelnen Mitglieder auswirkt und somit im wahrsten Sinne „ansteckend" ist. Hier ist rechtzeitiges Eingreifen gefragt, entweder durch das Bensprechen negativer Entwicklungen mit den betroffenen Personen, das Suchen nach gemeinsamen Lösungen oder das konkrete Definieren von Teamregeln. Damit ein Team erfolgreich zusammenarbeitet, ist es wichtig, nicht nur im Konfliktfall angemessen zu reagieren, sondern bereits im Vorfeld eine Umgangsweise zu pflegen, die ein angenehmes Arbeitsklima für alle schafft. Die gemeinsame Klärung folgender Punkte könnten im Rahmen regelmäßiger Teamsitzungen (→ Frage 38) zu solch einem Arbeitsklima beitragen:

- IST-Stand der Teammitglieder: „Wer ist alles in unserem Team? Was unterscheidet uns, wo gibt es Schnittmengen? Welche Fähigkeiten und Ressourcen bringen wir ein?"
- Definieren der Aufgaben (→ Frage 7): „Wer hat welche Aufgaben? Bei welchen Aufgaben gibt es Klärungsbedarf?"
- Festlegen einer Teamkultur (→ Frage 25): Damit aus vielen Individuen ein Team wird, gibt es Regeln, die innerhalb einer Teamkultur gemeinsam festgelegt werden.
- Zeit zur Kommunikation (→ Frage 30–33): Um das Arbeitsklima positiv zu erhalten, ist Zeit für Kommunikation notwendig. Small-Talk dient

zum Ausbau der kollegialen Beziehung und kann z. B. in der Begrüßungs- oder Verabschiedungssituation angewandt werden. Hier können Befindlichkeiten, aber auch Ereignisse erfragt und Interesse am anderen bekundet werden. Aber auch gezielte Gespräche zur Klärung von Sachlagen, zur Vorbeugung von Missverständnissen und zur Rückmeldung unter Kollegen sind wichtig.
- Klären gemeinsamer Ziele (→ Frage 49): „Was sind unsere Ziele und wie können wir diese Schritt für Schritt gemeinsam erreichen?" Um gemeinsam handeln zu können, ist eine klare Definition der Ziele notwendig.

Die Kita-Leitung begleitet das Team aktiv bei diesen Prozessen und greift gegebenenfalls unterstützend ein. Ein Team braucht Regeln und Strukturen, damit sich die einzelnen Mitglieder innerhalb dieser entfalten können. Ein erfolgreiches Team reflektiert und definiert diese Strukturen innerhalb einer Teamkultur, sodass es sich an die jeweilige Situation anpassen kann. Mindestens ebenso wichtig ist die Herausbildung eines „Wir-Gefühls" (→ Frage 26) der einzelnen Teammitglieder. Dieses schafft Zusammenhalt und Loyalität in erfolgreichen wie in problematischen Zeiten.

Fragen und Antworten zu:

Hier ist mein Platz –
Der Einzelne im Team

Hier ist mein Platz –

12 Wie kann die eigene Rolle im Team gefunden werden?

Kommt ein Kind neu in die Kita, so kann häufig wahrgenommen werden, dass sein Tun eine lange Zeit aus intensivem Beobachten besteht. Ein Kind kann eine sehr lange Zeit dabei aufmerksam zusehen, wie andere Kinder agieren, sich verhalten und spielen. In seiner Gesichtsmimik spiegeln sich Emotionen, die zeigen, dass es mit den Spielenden mitfühlt. Auch als Erwachsener empfiehlt es sich, in seiner neuen Arbeitsstelle zunächst vielseitig zu beobachten.

Die eigenen Aufgabenbereiche sind in der Regel sachlich und klar definiert. Sie sind jedoch nur ein **Aspekt der Rolle** (→ Frage 6), die man in einem Team einnimmt. Mindestens genauso wichtig ist die persönliche Seite, mit der man die Rolle ausfüllt. Fragen wie „Wie gestalte ich mein persönliches Einbringen?", und „Wie reagieren die anderen Teammitglieder auf mich und meine Beiträge? Wie gehe ich damit um?", müssen auch erst einmal eine Antwort finden. Entscheidend ist hierbei, sich im Vorfeld zu überlegen, wie viel man von seiner Persönlichkeit in die tägliche Teamarbeit einbringt, um gleichzeitig offen für die Geschehensnisse und Dynamiken im Team zu sein. Möchte man beispielsweise bis zu einem gewissen Grad sein Privatleben mit seinen Kollegen teilen (z. B. Wochenendplanung), kann dies auch nur dann stattfinden, wenn die Kollegen entsprechend offen für solche Themen sind.

Deshalb ist es zunächst ein gewisses Abtasten, wie viel Persönlichkeit ins Team eingebracht werden kann. Mit der Zeit und einem fortdauernden Kontakt im Team lernen die einzelnen Mitglieder ihre unterschiedlichen Persönlichkeiten und Fähigkeiten immer besser kennen und einschätzen. Der **Kontakt untereinander** (→ Frage 15) wird nach und nach selbstverständlich.

Folgender „Fahrplan" kann bei diesem Prozess helfen, die eigene Rolle und den Platz im Team zu finden:

- Die anderen Teammitglieder und die Abläufe im Team *beobachten.*
- Die vorgegebenen *Regeln des Teams einhalten* (sie dienen als Rahmen, innerhalb dessen das eigene Verhalten entfaltet werden kann).
- Die *eigenen Aufgaben definieren* und diese *korrekt erfüllen.* Dabei *Fachkompetenz zeigen.*
- Die *persönlichen Fähigkeiten* und *Individualität* in das eigene Aufgabenfeld *einbringen.*

Der Einzelne im Team

- Den *Raum* für die eigenen (fachlichen und persönlichen) *Fähigkeiten* im Kita-Alltag *nutzen* und dadurch nach und nach *die eigene Rolle definieren*.
- Immer wieder *Reflektieren*, wie sich die eigene Rolle im Team weiterentwickelt und wie das *persönliche Einbringen* die *Ziele* der Gemeinschaft unterstützen könnte.

Sich mit seinen Fähigkeiten und seiner Persönlichkeit ins Team einzubringen, braucht immer zuerst eine klare, sichtbare Struktur und eine konkrete Aufgabenzuweisung. Dann fällt es dem Einzelnen leichter, sich zu öffnen und zu entfalten.

13 Was bedeutet Teamfähigkeit?

Teamfähig zu sein bedeutet, sich mit seiner Individualität in eine Gemeinschaft, die ein gleiches Ziel verfolgt, einfügen zu können. Damit der Einzelne dazu in der Lage ist, braucht er **soziale Kompetenzen** (→ Frage 14) wie Kommunikationsfähigkeit, Einfühlungsvermögen, Beziehungsfähigkeit oder die Fähigkeit zur Rücksichtnahme und Hilfsbereitschaft. Diese Fähigkeiten in Bezug auf andere Menschen spielen eine ebenso große Rolle wie persönliche Eigenschaften, z. B. die eigene Meinung zu äußern, Stabilität, zuverlässige Erledigung der eigenen Aufgaben und Motivation zur (gemeinsamen) Weiterentwicklung.

Es geht bei „Teamfähigkeit" also darum, als *Teil einer Gemeinschaft* diese *individuell zu ergänzen*. Diese Ergänzung wird ermöglicht, indem die eigenen Fähigkeiten eingebracht werden. Dem *Kommunikations- und Interaktionsverhalten* innerhalb der Gemeinschaft kommt dabei eine Schlüsselfunktion zu: Die eigene Meinung und evtl. Kritik fair zu äußern, Kompromissbereitschaft zu signalisieren, seinen Kollegen gegenüber hilfsbereit zu sein, auf sie zuzugehen und dabei immer wieder nachzufragen, sind dabei die Kernkompetenzen.

Man kann auch regelmäßig **Teamübungen** (→ Frage 52–55) durchführen, bei denen die Frage diskutiert wird, wie jeder Einzelne oder das gesamte Team den Begriff der Teamfähigkeit definiert. Hieraus abgeleitete inhaltliche Punkte bzw. **Regeln** (→ Frage 4) könnten in einer Grafik im Personalraum aufgehängt werden, beispielsweise indem die Anfangsbuchstaben des

Wortes „Teamfähigkeit" mit entsprechenden Werten bzw. Regeln in Verbindung gebracht werden: „**T**eil einer Gemeinschaft sein und diese zu ergänzen – **E**igene Fähigkeiten einbringen – **A**ndere in der Gemeinschaft unterstützen – **M**iteinander Werte weiterentwickeln – **F**lexibel sein – **Ä**ußern von fairer Kritik – **H**ilfsbereitschaft üben – **I**mmer wieder nachfragen und auf andere zugehen – **G**enau beobachten und daraufhin handeln – **K**onflikte lösen und Kompromisse eingehen – **E**rwartungen mitteilen und eigene Meinungen äußern – **I**nnere und äußere Prozesse reflektieren und weiterentwickeln – **T**atkräftig in einer Gemeinschaft mitwirken, die für die gleichen Ziele steht".

Die Teammitglieder können sich dadurch jeden Tag daran erinnern, wie wichtig ein kollegiales Miteinander für die tägliche Arbeit in der Kita ist, welches nur durch das Zusammenspiel der einzelnen Mitglieder ermöglicht werden kann. Denn als aktives Mitglied Teil einer Gemeinschaft zu sein und diese mit den eigenen Fähigkeiten und der zuverlässigen Aufgabenerfüllung zu bereichern, dafür steht letztendlich Teamfähigkeit.

14 Welche sozialen Kompetenzen braucht der einzelne Mitarbeiter?

Ein Team wird bereichert durch das fachliche Wissen des Einzelnen wie auch durch die sozialen Fähigkeiten, mit denen ein positiver Umgang mit anderen überhaupt erst möglich wird. Soziale Kompetenzen sind Fähigkeiten, die wir in uns tragen und die je nach persönlichem Umfeld und Erfahrungen unterschiedlich ausgeprägt sind. In einem sozialen Kontext wie in Kindertageseinrichtungen erscheint die Wichtigkeit sozialer Kompetenzen umso größer, da eine permanente Zusammenarbeit und Abstimmung mit Kollegen stattfindet.

Soziale Fähigkeiten können natürlich trainiert (→ Frage 52) und weiterentwickelt werden. Dafür muss der Einzelne die Motivation erbringen und die Notwendigkeit zur Erweiterung seiner Fähigkeiten erkennen. Ob die sozialen Kompetenzen des Einzelnen als positiv und teamfähig ankommen, hängt von der Situation ab, in der sie angewandt werden. So kann es sein, dass ein Teammitglied positiv von seinen Kollegen wahrgenommen und in der Gemeinschaft akzeptiert wird, während die gleiche Person in einem anderen

Der Einzelne im Team

Team mit einem ähnlichen Verhalten an Grenzen stößt und Ablehnung erfährt. Dies liegt unter anderem an den unterschiedlichen Persönlichkeiten und Werten, die in einem Team vorherrschen. Nichtsdestotrotz gibt es grundlegende soziale Fähigkeiten, die die Basis für einen respektvollen und wertschätzenden Umgang miteinander bilden:

Empathie/Einfühlungsvermögen: Als einfühlsam agierende Kollegen werden Personen beschrieben, die ein gutes Gefühl für sich selbst und andere entwickeln sowie für sich selbst und andere gut sorgen können. Die eigenen Gefühle zu kennen, ist für die Fähigkeit der Empathie eine grundlegende Voraussetzung. Man kann diese Kompetenz im Alltag trainieren, indem man die Menschen aufmerksam beobachtet. Fragen wie „Wie geht es dir in dieser Situation?" oder „Wie würde es mir in dieser Situation gehen?", dienen dabei als Orientierung, um sich in den anderen einfühlen zu können.

Perspektivenübernahme: Eng mit der Empathie verbunden, ist die Fähigkeit zur Perspektivenübernahme: „Sich in die Lage des Kindes versetzen können, etwas aus seiner Sicht zu sehen, ohne den eigenen Standpunkt aufzugeben" (Friedrich 2008, S. 21). Auf das Miteinander im Team bezogen, ist eine Perspektivenübernahme gerade in Konfliktsituationen bzw. auch für das generelle Verstehen der Reaktionen seiner Kollegen hilfreich. Mit dieser Fähigkeit können die Bedürfnisse seiner Kollegen abgeleitet sowie auch mögliche Unterstützungsleistungen eingeleitet werden.

Kommunikation: Miteinander in Interaktion zu treten, ist ein weites und umfangreiches Feld. In der Kita gibt es viele Interaktionsmöglichkeiten und diese haben in der Teamarbeit eine große Bedeutung. Inhalte angemessen weiterzugeben, Kritik zu äußern oder auch Anerkennung zu zeigen, sind fundamentale Fähigkeiten, um einen Kontakt gelingend zu gestalten. Wie verständlich oder effektiv unser Kommunikationsverhalten (→ Frage 30–33) ist, erkennen wir an der Reaktion unseres Gegenübers.

Konfliktbewältigung: Einen Konflikt (→ Frage 39–42) zu bewältigen, bedeutet, sich mit anderen Meinungen auseinanderzusetzen sowie sich auf Lösungen und damit gegebenenfalls auf Kompromisse einzulassen. Dies umfasst auch eine Auseinandersetzung mit den Inhalten des Konflikts auf den unterschiedlichen Ebenen, wie der sachlichen, emotionalen und Beziehungs-Ebene. Im beruflichen Kontext steht die Lösung des sachlichen Inhalts im Vordergrund, dennoch sollte auch die emotionale und die Beziehungs-Ebene erfasst und geklärt werden.

Reflexionsfähigkeit: Reflexion bedeutet, sich mit den eigenen Handlungen sowie seiner Persönlichkeit im beruflichen Kontext kritisch auseinanderzusetzen. Dies ist die Grundlage für qualitativ gute Arbeit, die eine persönliche Weiterentwicklung einschließt. Kein Mensch ist „perfekt" oder fehlerfrei, prinzipiell jeder kann in einer Situation durch Reflexion neue Aspekte erschließen, die hilfreich für den Umgang mit seinen Mitmenschen sind. Die einzige Voraussetzung hierfür ist: die *Bereitschaft* zur Reflexion.

Soziale Kompetenzen bedingen und ergänzen sich meist gegenseitig. Um Begegnungen gelingend zu gestalten, wird die Fähigkeit zur Reflexion benötigt. Ebenso ist es von Vorteil, Einfühlungsvermögen und Perspektivenübernahme in Kontakt miteinander anzuwenden. Soziale Fähigkeiten spielen in der Teamarbeit (→ Frage 20) somit eine ebenso große Rolle wie das Einbringen fachlicher Kompetenzen.

15 Was bedeutet Kollegialität?

Kollegialität beginnt dort, wo ein erster Kontaktaufbau unter Kollegen anfängt. Dieser knüpft an den offensichtlichsten Berührungspunkten der beiden Kollegen an. Die Frage hierzu lautet: „Was verbindet mich mit meinen Kollegen?". Die Suche nach Gemeinsamkeiten kann dabei auf beruflicher, aber auch auf der zwischenmenschlichen Ebene verlaufen. Mit der Zeit, spätestens aber in der 3. Phase der „Strukturierung" des Teambildungsprozesses (→ Frage 5), steht der Kontakt über die berufliche Ebene im Vordergrund, z. B. gemeinsame Ziele zum Wohle der Kinder.

Kollegialität umschreibt die Fähigkeit, eine stabile Beziehung zu Kollegen im beruflichen Kontext aufzubauen sowie zu erhalten. Wie diese Beziehung konkret ausgestaltet ist, dafür gibt es keine allgemeingültige Definition. Es gibt jedoch Eigenschaften, die charakteristisch für eine stabile „Kollegialität" sind. Wenn man sich die Frage stellt „Welche Qualitäten schätze ich an meinen Kollegen?", kann sich jeder die für ihn wichtigen Persönlichkeitsmerkmale als Antwort geben, die ausschlaggebend für die eigene Definition von Kollegialität sind.

Hieran wird bereits deutlich, dass bei der Frage nach der Kollegialität im Team in erster Linie bei sich selbst angesetzt werden sollte. Im Kern geht es um eine *stabile Persönlichkeit* und ein sich daran anschließendes *authenti-*

Der Einzelne im Team

sches Handeln. „Wer bin ich? Wie gehe ich mit mir selbst um? Und was ist mir im Umgang mit meinen Kollegen wichtig?", sind die zentralen Fragen, die die eigene Beziehung zu den Kollegen hinterfragen. Im Umkehrschluss bedeutet dies allerdings auch, die eigenen Ansprüche ebenso den Kollegen zuzugestehen. Möchte man beispielsweise den eigenen Arbeitsbereich aktiv mitbestimmen, sollte man dies auch den Kollegen im Team einräumen.

Der Kontakt zwischen Kollegen erfolgt auf unterschiedlichen **Kommunikationsebenen** (→ Frage 39). Um gemeinsame Arbeitsziele zu erreichen, steht zunächst die *sachliche Ebene* im Vordergrund. Auf dieser Ebene erfolgt der Austausch von fachlichem Wissen, die Auseinandersetzung mit Handlungen und Zielen der täglichen Arbeit mit den Kindern und dadurch somit auch die Weiterentwicklung der Erziehungs- und Bildungsarbeit innerhalb der Kita. Weitere Ebenen im zwischenmenschlichen Kontakt bilden die *emotionale* sowie die *Beziehungsebene*. Auf der emotionalen Ebene werden Situationen auf der Gefühlsebene reflektiert und individuelle Handlungsmöglichkeiten abgewogen. Um den Aufbau von gegenseitigem Vertrauen geht es auf der Beziehungsebene. Dies wird z. B. spürbar in der Verlässlichkeit, der gegenseitigen Unterstützung und dem Zeigen von Verständnis durch **Empathie** (→ Frage 14).

Ein weiterer Aspekt für eine stabile Beziehung im beruflichen Kontext ist die *Motivation*: „Welches Motiv, welche Gründe habe ich, die Beziehung zu meinen Kollegen stabil und professionell zu gestalten?" Nur wer die Vorteile und Gründe für ein professionelles und gutes Miteinander im Team kennt, wird sie auch leben und davon profitieren können. Kollegen, die gemeinsam in einer Gruppe arbeiten, sind gemeinsam für die erfolgreiche Begleitung der Kinder verantwortlich. Je stabiler deren professionelle Beziehung auf der Beziehungs- und sachlichen Ebene ist, desto effektiver kann dieses Ziel erreicht werden. Sich gegenseitig zu unterstützen, also eigene Stärken einzusetzen und Stärken des anderen zu erkennen und zuzulassen, ist eine der wichtigsten Komponenten von Kollegialität.

Kollegialität bedeutet auch, den Kollegen *flexibel* (d. h. auch spontan und kurzfristig) **Hilfe anbieten** (→ Frage 21) zu können und auch zu wollen. Voraussetzungen für diese Flexibilität sind eine empfundene Sicherheit im eigenen Handeln (bei der Bewältigung der täglichen Aufgaben) sowie zufriedenstellende und verlässliche Rahmenbedingungen. Eine klare **Aufgabenverteilung** (→ Frage 7) sowie das Definieren gemeinsamer **Werte** (→ Frage 24), die Kollegialität ausmachen, gehören zu diesen Rahmenbedingungen.

Hier ist mein Platz –

Letztendlich braucht es auch Zeit für regelmäßige Treffen im beruflichen Kontext, um sich gegenseitig über die Arbeit zu informieren.

16 Welche persönlichen Qualitäten brauchen die einzelnen Teammitglieder im Kita-Alltag?

In der Kita-Praxis werden persönliche Stärken, Fähigkeiten und Ressourcen, aber auch fachliche Kompetenzen von jedem Teammitglied erwartet, um die jeweils individuellen Aufgaben in der Einrichtung zu bewältigen. Diese Qualitäten entstehen aus dem *Persönlichkeitsprofil* (Charaktereigenschaften wie z. B. Stärken), *fachlichem Wissen*, aus bisherigen *Erfahrungen* und der *Motivation* diesen Beruf in genau dieser Einrichtung auszuüben.

Das Arbeiten im Team ist neben den äußeren Rahmenbedingungen immer auch eine Frage der inneren Einstellung. Beginnen wir deshalb zunächst mit der Klärung der *Motivation*. Eine Qualität, die das einzelne Teammitglied braucht, ist die Fähigkeit zur Selbstreflexion (→ Frage 14). In dieser Selbstreflexion zur Motivationsklärung stellt sich der Einzelne Fragen, wie z. B. „Warum habe ich diesen Beruf gewählt? Wie ist meine Einstellung zum Arbeiten in einem Team oder zu einzelnen Teammitgliedern? Welche Werte sind mir dabei wichtig?". Die Bereitschaft sich mit solchen Themen immer wieder auseinanderzusetzen und sich somit weiterzuentwickeln, ist eine persönliche Qualität, die dabei hilft, sich weiterzuentwickeln.

Eine zweite persönliche Qualität ist das Erkennen und Bewusstmachen seiner eigenen *fachlichen Kompetenzen*. Auch hier wird wieder reflektiert auf den Berufsalltag geblickt, dieses Mal jedoch die Wahrnehmung auf die fachlichen Kompetenzen gelenkt. Die fachlichen Kompetenzen zeigen sich in der Handlungskompetenz im Alltag mit den Kindern, der Umsetzung von Beobachtungen in zielführende pädagogische Planungen (→ Frage 49), der Erstellung und Durchführung pädagogischer Konzepte sowie dem einfühlsames Gestalten von Interaktionen. Man kann sich seiner eigenen fachlichen Kompetenzen durch Fragen wie „Welche Top 5 meiner Stärken erkenne ich sofort? Was sind fachliche Kompetenzen, die mich in der Vergangenheit kompetent im Berufsalltag agieren ließen? Welche Fähigkeiten möchte ich noch stärken?", erschließen und dadurch für sich selbst sichtbar machen.

Der Einzelne im Team

Belastbarkeit im Kita-Alltag ist eine weitere persönliche Qualität, mit der sich sowohl in Zeiten der **Veränderung** (→ Frage 9), als auch in Zeiten der wiederkehrenden Routine eine Auseinandersetzung lohnt. Hier gilt es die Belastbarkeit zu stärken, indem eigene Grenzen hinterfragt werden. Manche Grenzen gilt es zu setzen und manche zu öffnen: Tätigkeiten, die viel Energie kosten, sollten minimiert werden, indem alternative Handlungsstrategien oder Lösungsmöglichkeiten ausprobiert und angeeignet werden. Im gleichen Zug sollten Tätigkeiten, die positive Energie geben, wahrgenommen und ausgebaut werden. Um solche Tätigkeiten zu identifizieren, helfen folgende Fragen: „Welche Tätigkeiten belasten oder überfordern mich in konkreten Situationen? Woher kann ich mir Hilfe holen, damit ich diese Aufgaben zukünftig besser bewältige? Welche Tätigkeiten belasten mich, weil sie mich langweilen bzw. unterfordern? Wie kann ich diese Aufgaben minimieren? Welche Tätigkeit füllt mich positiv aus?"

Auch das Unterscheiden von Wichtigkeiten und das *Setzen von Prioritäten* ist eine persönliche Qualität. „Was ist heute relevant?", ist eine Frage, die dabei helfen kann. Im Kita-Alltag steht scheinbar das permanente Agieren im Vordergrund. Hier wird eine Krankheitsvertretung benötigt, da gibt es einen Konflikt zwischen Eltern zu klären, gleichzeitig sollen die Vorbereitungen für einen Ausflug der Kinder getroffen werden und das Telefon klingelt auch noch. Die persönliche Qualität hierin liegt im Erkennen der Prioritäten und einer damit verbundenen Organisation der einzelnen Punkte. Hier könnte ein Telefondienst oder ein Anrufbeantworter helfen, zur Klärung des Konflikts werden die Eltern zu einem Gespräch am Nachmittag eingeladen, die Vorbereitung für den Ausflug wird an eine Kollegin delegiert und somit hat die Krankheitsvertretung Vorrang, da die Kinder in diesem Falle eine konstante Bezugsperson brauchen. Im Erkennen dieser Prioritäten liegt die persönliche Stärke. Fragen hierzu lauten: „Wie setze ich jeden Tag Prioritäten? Was sind die größten Energie- und Zeitfresser in meinem Arbeitsfeld?"

Ein Team muss klare Standpunkte vertreten und gleichzeitig beweglich bleiben. Deshalb benötigt der Einzelne die Bereitschaft zur Weiterentwicklung. Erfahrungen, Erkenntnisse, fachliche und persönliche Stärken, die sich der Einzelne immer wieder bewusst macht, dienen der Weiterentwicklung des Teams und somit der Qualitätssteigerung der gesamten Einrichtung. Fragen hierzu sind: „Welche Ziele möchte ich erreichen? Was ist der erste Schritt auf dem Weg zum Ziel? Welche Fähigkeiten und Stärken setze ich dabei ein? Wie kann ich Motivation weitergeben? Wie kann ich in diesem Zielprozess wachsen?"

Hier ist mein Platz –

Die Fragen, die zu den einzelnen persönlichen Qualitäten gestellt werden, dienen zur Reflexion und werden schriftlich beantwortet oder in einem Bild gestaltet. Dabei kann Platz frei gelassen werden, der für spätere Erkenntnisse reserviert ist. Sich regelmäßig Zeit und Raum für die eigenen **Stärken** (→ Frage 54) und somit für die Persönlichkeitsentwicklung zu nehmen, fördert das souveräne Agieren im Kita-Alltag.

Was bedeutet Abgrenzung im Team?

Die Frage nach Abgrenzung setzt voraus, dass es Situationen im Team gibt, in denen der Einzelne die Notwendigkeit einer Abgrenzung sieht. „Sich abgrenzen" kann als *Prävention* oder als *Konsequenz* gesehen werden. Also entweder ein „Ich muss mich abgrenzen, da sonst etwas Bestimmtes passieren könnte oder passieren wird" oder ein „Ich grenze mich ab, da etwas passiert ist". Hintergrund der Abgrenzung sind meist konkrete Gefühle wie Fürsorge, Angst oder Schutz.

Zunächst ist die Abgrenzung positiv gemeint, da der „Grenzen-Steckende" bewusst oder unbewusst für sich selbst sorgt. Schwierig wird eine Abgrenzung jedoch dann, wenn mit ihr eine massive Einschränkung des beruflichen Handelns und des notwendigen sozialen Miteinanders einhergeht. Wenn eine Abgrenzung erfolgt, sollten persönliche oder berufliche Strukturen infrage gestellt werden. Handeln Kollegen bewusst anders, als es in konzeptionellen Richtlinien festgehalten wurde, oder schließt sich eine Kollegin konsequent bei beruflichen Aktivitäten des Teams aus, so ist eine Klärung des Motivs der Abgrenzung notwendig.

Eine Klärung der Abgrenzung muss nicht im gesamten Team erfolgen, aber zumindest Vermittler oder Vorgesetzte sollten informiert werden, damit sie gegebenenfalls Strukturen im Arbeitsfeld verändern bzw. Unterstützung anbieten können. Zunächst sollte Abgrenzung wahrgenommen werden, ohne sie zu bewerten, bevor die weiteren Schritte eingeleitet werden können:

- *Wahrnehmung der Abgrenzung:* Selbst Wahrnehmen, dass eine bewusste Abgrenzung erfolgt.
- *Abgrenzen und Reflektieren:* Genaues Definieren der Situation, der Struktur oder des Auslösers, weshalb die Abgrenzung notwendig wurde.

Der Einzelne im Team

- *Mitteilen der Abgrenzung:* Vermittler oder Vorgesetzte über die Abgrenzung informieren.
- *Erarbeiten von Lösungsmöglichkeiten oder Konsequenzen:* Alleine oder mithilfe anderer Lösungsmöglichkeiten (z. B. eine Veränderung der Strukturen) und daraus resultierende Handlungsmöglichkeiten erarbeiten.
- Integration ins Team (→ Frage 18): Mögliche Berührungspunkte (z. B. gemeinsame Werte oder positiv-besetzte Kollegen im Team) suchen, bei denen eine Öffnung möglich ist.

Ebenso unterschiedlich wie die Motive der Abgrenzung sein können, sind es auch die Zeichen, die eine Grenzziehung signalisieren. So kann man sich für alle hörbar von *der Meinung anderer* abgrenzen („Ich habe die Meinung meiner Kollegin gehört. Meine Meinung hier ist eine andere!"). Abgrenzungen von *Verhaltensweisen* oder *Handlungen* anderer werden sichtbar gezeigt, indem entgegen festgelegter Handlungsrichtlinien agiert wird („Ich handle in dieser Situation wie folgt, weil es meinen pädagogischen Grundsätzen entspricht!").

Auch kann eine Abgrenzung bedeuten, sich von singulären Meinungen bzw. Handlungen zu distanzieren, indem man sich klar von gewissen *Strukturen* bzw. ganzen *Systemen* abgrenzt („Ich finde diese Struktur an dieser Stelle hilfreich und durchdacht. Aber an diesem Punkt möchte ich weiter an der Effektivität des Systems arbeiten!"). Eine Abgrenzung kann auch stattfinden, wenn der *eigene Platz im Team* bzw. die *eigene Rolle* hinterfragt oder neu definiert werden muss („Meine Aufgaben habe ich in diesem Bereich folgendermaßen definiert!").

Wichtig ist, sich der Abgrenzung bewusst zu werden und sich durch das aktive Lösen der Situation weiterzuentwickeln. Ebenso aktiv wie die Abgrenzung erfolgt, finden die aktive Klärung des Abgrenzungs-Faktors und die anschließende Lösung (→ Frage 41) statt.

18 Wie entsteht Kontakt nach einer Abgrenzungsphase?

Vor allem nach einer komplexen Abgrenzungsphase eines Mitarbeiters, die womöglich mit einem Teamkonflikt (→ Frage 39) oder einer weitreichenden Veränderung einherging, ist es notwendig, bewusste Maßnahmen zur Rück-

Hier ist mein Platz –

führung ins Team durchzuführen. Diese Maßnahmen werden in der Regel von der Teamleitung initiiert.

Zunächst erfolgt eine Klärung des Konflikts im geschützten Rahmen und auf der sachlichen Ebene mit einer neutralen Person als Konfliktberater (→ Frage 40). Hierbei werden die Beteiligten dazu aufgefordert, einen Kompromiss zu suchen und diesen zu konkretisieren. Die hier erarbeiteten Lösungen (→ Frage 41) werden schriftlich und somit für alle verbindlich festgehalten; sie beinhalten auch festgelegte, regelmäßige Zeitpunkte, an denen die vorgeschlagenen Lösungsansätze auf Machbarkeit und Effektivität überprüft werden sollten.

Anschließend ist das Engagement jedes Beteiligten gefragt, um sich wieder in das Team zu integrieren. Dies gelingt, indem der Einzelne auf die Teamkollegen zugeht und Gespräche zu neutralen bzw. sachlich verbindenden Themen sucht. Die bekannten Strukturen und gewohnten Abläufe innerhalb der Kita (z. B. morgendliche Rituale) fungieren hierbei als Sicherheit gebender Orientierungsrahmen. Die Betroffenen sollten sich in dieser Phase auch immer wieder auf ihre eigenen fachlichen Kompetenzen rückbesinnen. Dies hat zum einen den Vorteil, die eigene Aufmerksamkeit auf neutrale bzw. fachliche Aspekte zu lenken. Zum anderen erlebt man sich als aktiv und kompetent handelndes Teammitglied, was einer womöglich empfundenen Handlungsunfähigkeit (gerade bei weitreichenderen Konflikten) entgegenwirkt.

Gegenseitiger Respekt ist zu jederzeit im Klärungsprozess, wie auch in Situationen der Abgrenzung, unbedingt notwendig und selbstverständlich. Hier helfen die Regeln der Teamkultur (→ Frage 25).

Vom Zeitpunkt der Abgrenzung bis zu einem wieder erlangten Zugehörigkeitsgefühl zum Team sollte dem Einzelnen Zeit zugestanden werden. Solche Situationen sind nicht einfach zu meistern und deshalb ist gerade hier eine einfühlsame Unterstützung (→ Frage 21) vonseiten der Kollegen notwendig, damit die Beteiligten ihre (evtl. neue oder veränderte) Rolle im Team für sich selbst definieren können.

Der Einzelne im Team

19 Wie kann Veränderung ins Team gebracht werden?

Gründe für **Veränderungen** (→ Frage 9) sind nicht immer zwangsläufig äußere Umstände, auf die sich das Team einstellen und anpassen muss. Es kann auch sein, dass beispielsweise Mitarbeiter eine Weiterbildung besucht haben und das dort neu erworbene Wissen gerne in den bestehenden Kita-Alltag integrieren möchten. Allerdings bleibt eine Veränderung immer eine Veränderung, d. h. bestehende Strukturen, also bewährte und eingeübte Abläufe des Kita-Alltags, müssen hierfür verändert werden. Und diese Veränderungen sind immer mit einem gewissen Aufwand bzw. entsprechenden Hindernissen verbunden. Oft wird Unbekanntem vonseiten der Kollegen oder der Teamleitung Skepsis entgegengebracht, da nicht genau abschätzbar ist, wie sich das Teammitglied weiterentwickelt und ob das neue Wissen überhaupt in der Kita benötigt wird.

Davon sollte man sich jedoch nicht entmutigen lassen. Diese Mechanismen sind ganz normal. Entscheidend ist, sie zu kennen und zu wissen, wie man damit umzugehen hat. Wenn Teammitglieder eine Neuheit einführen möchte, ist es hilfreich dabei folgendermaßen vorzugehen:

Fotos und Fachberichte können helfen, die *Akzeptanz* sowie die Notwendigkeit der Neuerung bei seinen Kollegen zu schaffen bzw. zu erhöhen. Die neu einzuführenden Abläufe sollten dabei nachvollziehbar dargestellt werden. Der Initiator der Veränderungen ist die zentrale Anlaufstelle für weitere Fragen vonseiten der Kollegen. Er fungiert hier als Wissensvermittler und sollte jederzeit für Informationen zur Verfügung stehen. Außerdem kann eine Befragung der durch die Veränderung betroffenen Kollegen zeigen, welches Wissen sie noch brauchen, damit sie die Neuerungen mittragen, anwenden und weitergeben können.

Jedes Teammitglied sollte über die Neuerung *informiert* werden, auch wenn einige Kollegen nur mittelbar davon betroffen sind. Unsicherheiten vermehren sich in der **Gruppendynamik** (→ Frage 5) relativ schnell, können aber durch guten Informationsfluss weitestgehend beseitigt werden.

Veränderungen im beruflichen Kontext sollten dann *Schritt für Schritt* eingeführt werden, damit kein Teammitglied überfordert wird. Außerdem ist es sinnvoll die Veränderungen und deren Konsequenzen transparent zu dokumentieren, damit auch Teammitglieder ohne hochspezifisches Fachwissen die Hintergründe des Handelns verstehen und nachvollziehen können.

Wie immer im Kita-Alltag sollten auch diese Prozesse *reflektiert* werden. Auch wenn man im Vorfeld davon überzeugt war, dass die entsprechende Neuerung positiv und erstrebenswert für die Einrichtung ist, sollte man bei der Bewertung dieser Maßnahme offen für etwaige Kritikpunkte (→ Frage 36) bzw. (noch) nicht ideale Abläufe sein. Es sollte daher stetig reflektiert und kritisch überprüft werden, ob die Veränderung für die Weiterentwicklung der Einrichtung sinnvoll und/oder umsetzbar ist.

Die Kunst bei Veränderungen ist es, die neu erworbenen Inhalte, die zur Veränderung führen, so auf die Einrichtung maßzuschneidern, dass sie die Teamziele unterstützen und jedes Teammitglied davon profitiert. Ein Team überlegt sich beispielsweise, wie es Partizipation, also eine aktive Mitbestimmung und Beteiligung der Kinder, im Kita-Alltag ausbauen kann. Zunächst werden die Rahmenbedingungen in den Blick genommen, die notwendig sind, damit eine aktive Beteiligung der Kinder stattfinden kann. Vorstellbar ist hier die Organisation eines gemeinsamen Picknicks. Wenn dieses stattgefunden hat, wird reflektiert, was die Beteiligten benötigten, um sich aktiv einzubringen und um mitzubestimmen. In dieser Reflexion wird deutlich, dass bestimmte Rahmenbedingungen (z. B. nachvollziehbare Strukturen, Übung in der Meinungsäußerung und ein gesteigertes Sicherheitsempfinden durch festgelegte Ansprechpartner) auch auf die Kindergruppe übertragbar sind, damit Partizipation gelebt werden kann. Was selbst erlebt wird, ist für alle Beteiligten auch besser nachvollziehbar. Mit diesen Erkenntnissen können nun weitere Überlegungen angestellt bzw. auch konkrete Planungen (→ Frage 49) für das angestrebte Ziel der Erhöhung der kindlichen Partizipation in der Kita begonnen werden. Im Zuge der Umsetzung dieses Projekts überträgt sich dann das neu erworbene Wissen allmählich auf die Sprache der einzelnen Teammitglieder, sodass diese es auch authentisch weitervermitteln können.

20 Was bedeutet Teamarbeit für den Einzelnen?

Teamarbeit ist ebenso vielseitig, wie es die einzelnen Teammitglieder sind. Ob beim Zeigen von Interesse im Small-Talk oder beim Informationsaustausch innerhalb der Teamsitzung: Jedes Mal, wenn sich Teammitglieder in ihrem beruflichen Kontext aktiv begegnen, ist dies Teamarbeit. Der Begriff setzt sich aus den Wörtern „Team" (Gemeinschaft, Gruppe) und „Arbeit"

Der Einzelne im Team

(Schaffen, Tun) zusammen und wird mit Aktivität verbunden. Es geht hierbei um eine wertschätzende Zusammenarbeit unter Teamkollegen, in der jeder bestimmte Aufgabenbereiche wahrnimmt und von der jedes Teammitglied wie auch die gesamte Einrichtung profitiert. Damit dies gelingen kann, ist ein ständiges Geben und Nehmen sowie ein gesundes Maß an persönlichem Austausch notwendig. Obwohl die Bildungs- und Erziehungsarbeit in der Kindertageseinrichtung vorrangig ist, ist es ebenso wichtig, Zeit und Raum für die Begegnung mit seinen Kollegen zu schaffen.

Auch wenn man es auf den ersten Blick nicht glauben mag, so findet in all den folgenden Situationen Teamarbeit statt. Es geht im Kern immer darum, dass Kollegen sich aufmerksam und an dem anderen interessiert begegnen:

- *Small-Talk:* Durch eine kurze Unterhaltung über scheinbar belanglose Themen wird Interesse am gegenseitigen Kontakt gezeigt. Small-Talk stellt somit eine wichtige Komponente zum kollegialen Kontaktaufbau und zur Vertiefung der professionellen Beziehung dar.
- *Kurz-Begegnungen*, bei denen Informationen und Befindlichkeiten erfragt werden können: Um über den Tellerrand der eigenen Gruppe zu schauen, ist es von Vorteil, die Kollegin der Nachbargruppe zu fragen, welche Themen hier gerade präsent sind oder welche positiven Momente es in letzter Zeit gab.
- *Aktive Beteiligung in Teamsitzungen*, um sich selbst auf den neuesten Wissensstand zu bringen: Der Einzelne bereitet sich auf sie vor, um sich mit seinen Beiträgen und Gedanken einzubringen – auf diese Weise kommt er mit seinen Kollegen in einen Austausch.
- *Aktives Teilnehmen an Ritualen*, die für die Gemeinschaft wichtig sind: Damit ist keine gemeinsame Freizeitgestaltung gemeint, wohl aber Aktivitäten wie ein gemeinsames Eisessen nach dem Sommerfest oder der gemeinsame Besuch eines Theaterstücks: Gemeinsame Erlebnisse verbinden und stärken zudem das Wir-Gefühl (→ Frage 26).
- *Einhalten erarbeiteter Regeln und Strukturen* (→ Frage 4, 25), die auch kritisch hinterfragt und weiterentwickelt werden dürfen.
- *Aktives Einbringen in Projekte* zur Unterstützung und Weiterentwicklung des Projektes. Jeder ist für das Gelingen des Projektes wichtig und zu einem gewissen Anteil verantwortlich. Dies verlangt Eigeninitiative und Engagement, um aus den verschiedensten Bereichen (z. B. Fachliteratur, Austausch mit Kolleginnen aus anderen Kitas oder Archiv-Recherche) vielfältige Ideen und Informationen für das Projekt zu sammeln und die Gruppe damit zu bereichern.

Hier ist mein Platz –

- *Kontakt suchen* und auf andere zugehen, um echtes Interesse an der Arbeit und am Wirken der anderen Teammitglieder zu zeigen.
- *Auseinandersetzungen eingehen,* in denen Meinungen und Informationen ausgetauscht werden.
- Gerade in Konfliktsituationen *an* Lösungen interessiert und bereit für Kompromisse (→ Frage 40) sein.
- *Aktive Weiterbildung* und das Weitergeben von Wissen und Informationen an die anderen Teammitglieder zur Weiterentwicklung der gesamten Einrichtung.

Teamarbeit für den Einzelnen besteht somit aus qualitativen Begegnungen, bei denen die Dauer keine Rolle spielt: Auch ein kurzes Tür- und Angelgespräch (→ Frage 30) oder ein kurzes Gespräch vor der offiziellen Teamsitzung ist effektiv, wenn es eine Begegnung von echtem Interesse und aktivem Zuhören ist.

21 Wie können sich Teammitglieder gegenseitig unterstützen?

Um sich gegenseitig zu unterstützen, muss sich der Einzelne zunächst seiner Stärken und Fähigkeiten bewusst sein (→ Frage 54), um Unterstützung anzufordern oder selbst Unterstützung anzubieten. Damit eine Unterstützungsleistung stattfinden kann, muss sich jedes Teammitglied sicher sein, dass es den Kollegen um Unterstützung bitten kann, ohne dass ihm diese Bitte (→ Frage 32) negativ ausgelegt wird. Das setzt eine stabile und vertrauensvolle Atmosphäre im Team oder zu einzelnen Teammitgliedern voraus.

Fachkräfte können sich gegenseitig unterstützen indem sie:

- *Einfühlsam* die Unterstützung erfragen („Ich verstehe, wenn in dieser Situation Hilfe nötig ist. Wie kann ich unterstützen?").
- *Flexibilität* beweisen und das Wohl der Gesamteinrichtung im Blick haben („Ich habe für heute eigentlich ein Vorschulangebot geplant, aber ich übernehme die Krankheitsvertretung der Kollegin, sodass eine gute Betreuung für alle Kinder gewährleistet ist").
- *Die eigenen Ressourcen und Fähigkeiten* kennen („Hier habe ich noch Kapazitäten frei, um andere zu unterstützen; eine meiner Stärken ist es, in diesem Bereich Unterstützung anzubieten").

Der Einzelne im Team

- *Unterstützungswünsche* anderen mitteilen („Es ist hilfreich für mich, wenn ich Unterstützung in diesem Bereich angeboten bekomme").
- *Die eigenen Erwartungen* anderen mitteilen („In einem kollegialen Miteinander erwarte ich aktive Unterstützung von meinen Kollegen").
- *Unterstützungsmöglichkeiten* erarbeiten („Wie und auf welche Weise kann ich Unterstützung anbieten?").
- *Selbst aktive Hilfe* anbieten („Wie und womit kann ich konkret helfen?").
- *Im Team* die Struktur des Tätigkeitsfeldes *gemeinsam* neu erarbeiten und die Aufgaben verteilen („Das Aufgabenfeld in der Kita hat sich verändert bzw. wurde erweitert. Wie können wir diese Aufgaben auf mehrere Kollegen verteilen?").

Unterstützung zu geben bedeutet, den Kollegen zu helfen und nicht die Aufgabe komplett selbst zu erledigen. Das Spektrum kann dabei von motivierenden Gesprächen zur Findung einer Lösung bis hin zum aktiven Anpacken in herausfordernden Situationen reichen.

22 Wie gelingt der Einstieg als neues Teammitglied?

„Hallo hier bin ich! Ich bin ein neues Teammitglied mit einem Erfahrungsschatz und einigen Fähigkeiten, die ich schon kenne – andere Fähigkeiten liegen noch im Verborgenen. Außerdem habe ich wie jede Person Stärken und auch Schwächen, versuche aber andere so zu nehmen, wie sie sind – was mir an den meisten Tagen auch gelingt. Am Anfang bin ich froh, wenn ich all meine Fragen stellen darf und ich einen Ansprechpartner finde, der mir die Struktur und Besonderheiten, aber auch alles Weitere erklärt. Ich wünsche mir von euch, dass ihr mir Kritikpunkte persönlich mitteilt, denn auch ich bin Lernende. Also los geht's! Ich freue mich darauf, euch kennenzulernen und mich in euer Team einzubringen!" So oder so ähnlich könnte die Antrittsrede klingen, die als Sahnehäubchen zum mitgebrachten Kuchen der neuen Mitarbeiterin am ersten Arbeitstag serviert wird.

Nimmt man als neue Kollegin die Arbeit in der Einrichtung auf, so gibt es viele neue Einflüsse, denen man ausgesetzt ist: Man hat einen gewissen beruflichen Erfahrungsschatz gesammelt, den man gerne beim neuen Arbeitgeber einbringen möchte, man bringt persönliche Stärken und Schwächen mit und ist darüber hinaus auch mit einem Team neuer Kollegen konfrontiert, mit denen man gut zusammenarbeiten möchte. Es gibt am Anfang zunächst viel zu lernen, z. B. welche Abläufe und Aufgabenverteilungen (→ Frage 4, 7, 25) vorherrschen und bei wem man, gerade zum Einstieg, wohl am besten Unterstützung (→ Frage 21) erbitten kann. So könnte ein gelungener Einstieg aussehen, auf dessen Basis man seine eigene Rolle (→ Frage 6, 12) im Team stetig weiterentwickelt kann:

Vorbereiten auf die neue Arbeitsstelle: Bereits vor dem Vorstellungsgespräch sollte sich der potenzielle neue Mitarbeiter einen Überblick über das Konzept der Einrichtung verschaffen, damit während des Gesprächs darauf eingegangen werden kann. Beim Einstellungsgespräch spätestens lässt sich der Mitarbeiter eine Konzeption der Einrichtung mitgeben und erklären. Hieraus können bereits schon formelle Strukturen, wie z. B. das Organigramm (→ Frage 8) der Einrichtung, der Tagesablauf oder bestimmte Regeln entnommen werden. Das Lesen der Konzeption ersetzt jedoch kein Gespräch, bei dem die Details zur konkreten Umsetzung erfragt werden.

Beobachten ohne sofort zu bewerten: Lernen wir jemanden neu kennen, ist die Versuchung meist groß, sofort Verhalten, Handeln oder Oberflächlichkeiten zu bewerten. In einer neuen Arbeitsstelle ist es jedoch ratsam, am Anfang so wenig wie möglich zu bewerten (außer es werden offensichtliche, negative Regelverletzungen wahrgenommen). Stattdessen empfiehlt es sich, sich Zeit zu nehmen und die Teammitglieder zu Strukturen und Handlungsabläufen objektiv zu befragen.

Fragen stellen: Als neuer Mitarbeiter ist die Anzahl der Fragen besonders groß, um auf den gleichen Wissensstand wie alle anderen Teammitglieder zu kommen. Deshalb sind Fragen legitim und auch dringend erforderlich. Die Kollegen „dürfen" sich die Zeit dafür nehmen, schließlich sind alle an einem guten Teamzusammenhalt interessiert.

Strukturen sichtbar machen: „Sich sein eigenes Bild von etwas machen", diese Redewendung dürfen wir nutzen, um Strukturen sichtbar zu machen und bildlich darzustellen. Teamkollegen könnten mit dem neuen Mitarbeiter zusammen den Tagesablauf oder die Mittagessenssituation der Reihe nach aufmalen, um so die vorherrschenden Strukturen zu verdeutlichen.

Regelmäßige Reflexionsgespräche einfordern: Im Team werden sowohl mit den Gruppenkollegen als auch mit der Kita-Leitung regelmäßige Reflexions- bzw. Informationsgespräche (→ Frage 47) vereinbart. Anfangs sollte das Gespräch jede Woche oder alle zwei Wochen stattfinden, somit können Situationen und Unklarheiten zeitnah besprochen und geklärt werden.

Folgende Übung kann in diesem Prozess hilfreich sein: Es wird ein Baum gemalt. Seine Wurzeln bilden die grundlegenden Qualitäten, die das neue Teammitglied zum Arbeiten braucht. Der Baumstamm symbolisiert seine Stärken und die Zweige sind die Strukturen, Werte und Inhalte des Kita-Alltags. Füllt man diesen Baum nach dem genannten Muster aus, so kann das Teammitglied erkennen, an welchen Ästen es bereits sicher ist bzw. welche Äste noch ausgebaut werden müssen (und somit noch Entwicklungsbedarf besteht). Diese Übung empfiehlt sich übrigens für jedes Teammitglied, auch wenn er oder sie schon länger in der Einrichtung arbeitet. So kann jeder reflektieren, welche Inhalte bzw. Zweige noch wachsen können.

Fragen und Antworten zu:

Das ist uns wichtig! – Teamqualitäten

Teamqualitäten

23 Welche Qualitäten bringen ein Team weiter?

Jedes Team braucht Qualitäten, auf die sich die einzelnen Mitglieder verlassen können und die für das jeweilige Team erarbeitet werden. Mit Qualitäten sind in diesem Zusammenhang die grundlegenden Voraussetzungen gemeint, die das Zusammenarbeiten der einzelnen Teammitglieder ermöglichen. Diese Qualitäten sind sowohl für die Arbeit innerhalb des Teams zwischen den einzelnen Mitgliedern als auch für das Team als Ganzes relevant.

Dies lässt sich am Beispiel des Wertes bzw. der Qualität „Gemeinsamkeit" gut illustrieren: Auf die Frage, was die positive Zusammenarbeit in ihrem Team ausmacht, erwidern die Teammitglieder, dass sie den offenen Umgang untereinander wertschätzen, indem die Meinung von jedem angehört wird, ohne dass diese sofort bewertet oder kritisiert wird: „Für mich bedeutet dies, dass meine Kollegen zuhören, wenn ich etwas sage. Danach setzen wir uns aktiv mit meinem Gesagten und dem meiner Kollegen auseinander. Dadurch fühle ich mich als Teil der Gemeinschaft ernstgenommen." Konzeptionell schreibt sich diese Kita somit „Gemeinsamkeit" auf die Fahne, was für das Team bedeutet, aktiv in bestimmte Entscheidungsprozesse einbezogen zu werden. Der Bezug auf eine als erstrebenswert erachtete „Gemeinsamkeit" dient den Teammitgliedern als Orientierung für das eigene Handeln – und ist ebenso das „Aushängeschild" des gesamten Teams.

Bei der Definition dieser grundlegenden Qualitäten, die sich positiv auf die Zusammenarbeit im Team auswirken, sollten insbesondere auch folgende Punkte berücksichtigt werden:

Positive Motivation: Eine grundlegende Basis für Teamarbeit ist, dass die Teammitglieder sich selbst und der Arbeit im Team gegenüber positiv eingestellt (→ Frage 48) sind. Festgelegte Rahmenbedingungen, individuelle Freiräume und eine klare Aufgabenverteilung fördern solch eine positive Motivation.

Kontaktgestaltung untereinander: Jedes Teammitglied agiert individuell und so gestaltet sich der Kontakt zu jedem Kollegen in spezieller Art und Weise. Empathie und Kontaktbereitschaft sind hier wichtige Begleiter dieser Beziehungsgestaltung der Kollegen untereinander.

Kommunikation: Damit Kommunikation (→ Frage 30–33) gelingen kann, ist eine entsprechende Basis notwendig. Eine der wichtigsten Qualitäten im

Das ist uns wichtig! –

Team ist die Interaktion zwischen den Teammitgliedern. Dazu gehört auch der Blick in die anderen Gruppen der Kita und das Teilen von Wissen zum Wohle der gesamten Einrichtung. Dies kann beispielsweise dadurch erreicht werden, dass sich die Teams der unterschiedlichen Gruppen die Frage beantworten: „Stellt euch vor, die Kollegen dieser Gruppe sind für einen Tag unpässlich und können nicht zur Arbeit kommen. Was müssen wir anderen wissen, damit das Leben und Lernen in der Gruppe trotzdem weiterläuft?"

Konfliktbereitschaft: Hier geht es nicht darum, Konflikte (→ Frage 39–41) zu vermeiden, sondern Konfliktbereitschaft als Kompetenz zu begreifen. Gelingt Kommunikation und zeigt sie sich als Basis für eine stabile Beziehung zwischen Kollegen, so werden Konflikte als aktive Auseinandersetzung und Chance für persönliche und berufliche Weiterentwicklung gesehen.

Es ist auch eine Frage des jeweiligen Teams, welche konkreten Fähigkeiten für genau diese Gemeinschaft in dem spezifischen Arbeitsfeld verlangt werden und für den Einzelnen sowie für die Gruppe förderlich sind. Die Erstellung eines *individuellen Qualitätskatalogs* für die jeweilige Kita kann bei solch einer Konkretisierung helfen: Zuerst werden die allgemeine Qualitäten eingetragen, die in der Einrichtung gelten. Anschließend bekommt jedes Teammitglied ein Blatt, auf dem es die Werte (→ Frage 24) einträgt, die für die Arbeit in dieser Kita als wichtig empfunden werden. Auch diese werden in den Katalog geheftet. Eventuell kann noch ein Blatt mit gemeinsamen Werten der Teammitglieder den Katalog ergänzen. Nun werden die Strukturen und Abläufe der einzelnen Gruppen erstellt, die notwendig sind, um diese Werte konkret umzusetzen. Zur Ergänzung wird die derzeitige Teamkultur in den Katalog aufgenommen, ebenso wie die konkreten Ziele und Pläne für die nächste Zeit.

24 Welche Werte prägen ein Team?

Die Frage nach den Werten, die ein Team prägen, muss auf mehreren Ebenen beantwortet werden. Im Konkreten sind dies: die Werte der *Einrichtung*, die Werte des *Einzelnen*, die Werte des *Umfelds* und die Werte der *Teamgemeinschaft*. Wie im Nachfolgenden aufgezeigt wird, ist eine trennscharfe Abgrenzung dieser jeweiligen Werte oftmals gar nicht möglich, da sie sich gegenseitig beeinflussen bzw. die Einrichtung diesen unterschiedlichsten Einflüssen fortwährend ausgesetzt ist und sich hier positionieren muss.

Werte der Einrichtung: Die Werte der Einrichtung werden geprägt durch gesetzliche Grundlagen, grundlegende Bildungs- und Erziehungsrichtlinien, Leitlinien des Trägers sowie die konkreten Ziele der Einrichtung. Die vorgegebenen *Bildungs- und Gesetzesgrundlagen* werden vom Träger bzw. der Kita-Leitung in den Kontext der Einrichtung übertragen. Dazu gehört meistens auch die Vorgabe eines klaren pädagogischen Leitbildes gemäß der Philosophie bzw. den Grundsätzen des Trägers. Zudem orientieren sich die Werte der Kindertageseinrichtung an den *Zielgruppen*, die täglich in der Einrichtung leben und lernen: Die Bedürfnisse von Eltern und Kindern werden dabei regelmäßig genau beobachtet und deren Entwicklung verfolgt. Ist es erforderlich, die Werte der Einrichtung daraufhin zu ändern, so wird dies vom Träger oder der Einrichtungsleitung initiiert. Der Grundsatz einer solchen Neudefinition lautet: „Wie können wir das, was Eltern und Kindern wichtig ist, in Einklang mit den Qualitäten (→ Frage 23) der Einrichtung bringen?" Folgendes Beispiel soll diesen Sachverhalt veranschaulichen:

- Den *Eltern* ist es z. B. wichtig, dass es in der Kita eine vielfältige Auswahl an Förderangeboten für das Kind gibt (Wert der Familie: Die bestmögliche Förderung für das Kind).
- Dem *Kind* ist es wichtig, soziale Kontakte zu knüpfen und mit Freunden etwas zu erleben (Wert des Kindes: Freundschaften zu schließen).
- Der *pädagogischen Fachkraft* ist es wichtig, mithilfe von Beobachtungen das Kind in seiner Entwicklung zu unterstützen (Wert der Pädagogin: Die Pädagogik am Kind orientiert auszurichten).
- Dem *Träger* ist eine gute Öffentlichkeitsarbeit wichtig, die allgemeine Qualitätsstandards transparent macht (Wert des Trägers: Qualitatives Arbeiten sichtbar machen).

Um diese unterschiedlichen Werte innerhalb der Einrichtung aufzugreifen, ist eine transparente Arbeit wichtig. Eine Möglichkeit ist, das Leben und Lernen in der Kita durch Fotos und Dokumentation sichtbar zu machen. So können Eltern die dort praktizierte, optimale Förderung ihres Kindes nachvollziehen, das Kind nimmt sich in seinem Tun und mit seinen sozialen Kontakten wahr, die pädagogische Fachkraft bekommt durch die Dokumentation eine Planungsgrundlage und der Träger kann durch die transparente Darstellung des Alltags Öffentlichkeitsarbeit (→ Frage 29) vorantreiben.

Die Werte unterschiedlichster Zielgruppen werden somit definiert, dann miteinander verknüpft und ein alltagstauglicher Konsens gesucht. Jede Person, die eine Kita besucht (Eltern), in ihr arbeitet (pädagogische Fachkraft) oder sich in ihr entwickelt (Kinder), prägt deshalb mehr oder weniger die dort vorherrschenden gemeinschaftlichen Werte.

Werte des Einzelnen: Die Werte jedes Einzelnen (→ Frage 16) werden durch seine Persönlichkeit und durch die Einflüsse seines direkten Umfelds geprägt. So können die Werte der Familie oder des Freundeskreises auch die Arbeit des Einzelnen beeinflussen, indem sie auf den beruflichen Kontext übertragen werden. Es geht hier somit um die (beruflich wie privaten) Erfahrungen, die jeder Einzelne in seinem bisherigen Leben gemacht hat und die ihn entsprechend geprägt haben. Sie haben Einfluss auf die Bewertung aktueller Situationen. Dies ist auch der Grund, warum zwei unterschiedliche Parteien ein Ereignis in der Kita womöglich ganz anders wahrnehmen und bewerten: weil sie aufgrund ihrer Erfahrungen gelernt haben, jeweils andere Aspekte als wichtig zu erachten.

Werte des Umfelds/Umwelt: Bei diesen Werten handelt es sich um gesellschaftliche Werte, d.h. Werte, die in dem kulturellen Kontext, in welchem sich die Einrichtung befindet, gelebt und als wichtig erachtet werden. Sie werden u.a. durch massenmediale Berichterstattung beeinflusst und können sich im Zuge gesellschaftlichen Wandels auch ändern. Gerade hier ist es wichtig, diese Veränderungen zu definieren und genau abzuwägen, welche Trends oder Strömungen, welche Anforderungen und Erwartungen für den Einzelnen und das Team tragbar und mit den bisherigen Werten der Einrichtung vereinbar sind.

Werte der Teamgemeinschaft: Die Teamgemeinschaft befindet sich gewissermaßen inmitten des Spannungsfeldes der hier vorgestellten Werte. Ihre Werte werden geprägt durch Werte und Leitbilder der *Einrichtung*, des *einzelnen* Teammitglieds und des *Umfelds*. Sicherlich gibt es Werte bzw. Qualitäten, die immer eine gewisse Gültigkeit haben (z.B. Werte im sozialen Miteinander). Es kann aber zu einer Umstrukturierung der Werte-Prioritäten kommen, wenn eine Veränderung (→ Frage 9) im Team auftritt, beispielsweise durch konzeptionelle oder teamspezifische Entwicklungen. So kann z.B. das soziale Miteinander im Mittelpunkt der ersten Teamphase (→ Frage 5) der „Entstehung" vorrangig sein, während in der vierten Teamphase der „Entfaltung und Weiterentwicklung" das zielorientierte Miteinander im Mittelpunkt steht.

Teamqualitäten

25 Was ist eine Teamkultur?

Reisen wir in ein anderes Land, so orientieren wir uns an den dort vorherrschenden Regeln, Bräuchen und Umgangsformen, also der Kultur dieses Landes. Wir alle kennen den Begriff der Kultur somit im Alltagsgebrauch.

Eine Teamkultur ist analog dazu eine Kultur der Miteinanders, die genau für dieses Team bestimmt wird. Sie besteht aus *Regeln*, *Werten* und *Qualitäten*, unter Berücksichtigung der individuellen Stärken und Fähigkeiten jedes einzelnen Teammitglieds. Sie wird gemeinsam von den Teammitgliedern erstellt und es werden Antworten auf Fragen und wünschenswerte Umgangsformen des täglichen Miteinanders formuliert und schriftlich festgehalten:

- Qualitäten im Umgang miteinander (→ Frage 15): „Was ist jedem Einzelnen im Umgang mit Kollegen wichtig? Worauf legen wir speziell in unserem Team im Umgang miteinander wert?"
- Unterstützungsmöglichkeiten (→ Frage 21) im Team: „In welchen Situationen und wie können wir uns gegenseitig helfen und unterstützen?"
- Regeln für kollegiales Feedback (→ Frage 37): „Wenn wir uns gegenseitig Rückmeldung geben, was ist dabei wichtig?"
- Definition von fairer Kritik (→ Frage 36): Kritik erfolgt Schritt für Schritt, im geschützten Rahmen, ist sachlich, und geht mit einer Lösung zur Veränderung des kritisierten Verhaltens oder der Struktur einher.
- *Definition eines guten Arbeitsklimas* (→ Frage 20): „Was verstehen wir im Team unter einem guten Arbeitsklima? Welche Qualitäten hat dieses?"

Wichtig beim Erstellen einer Teamkultur ist das Hinterfragen von Eigenschaften wie „Hilfsbereitschaft" oder „Ehrlichkeit". Hier zu hinterfragen, wie Hilfsbereitschaft erlebt wurde oder was Ehrlichkeit ausmacht, bringt Teammitglieder ins Nachdenken und verleiht diesen Worten auch persönliche und verbindliche Inhalte.

Eine Teamkultur ändert sich im Laufe der Teamphasen (→ Frage 5) und des Miteinanders. Sie zu erstellen, bietet sich deshalb in *jeder Phase* des Teamprozesses an. Am Ende des Kita-Jahres könnten dann die Plakate der einzelnen Teamkulturen der jeweiligen Phasen nebeneinander gelegt und diese für eine Reflexionseinheit genutzt werden. Dabei werden die unterschiedlichen Themen sichtbar, mit denen sich das Team im Jahresverlauf auseinandergesetzt hat. Durch die Dokumentation dieser Phasen mithilfe der Teamkulturen-Plakate hat das Team nun die Möglichkeit, diesen Prozess sichtbar zu machen und die eigene Entwicklung besser nachzuvollziehen – was sich letztendlich auch positiv auf den Teamgeist auswirkt: „Was haben wir alles geschafft und als Team gemeistert!"

26 Was stärkt das „Wir"-Gefühl im Team?

Das Wir-Gefühl bezieht sich auf das Zusammengehörigkeitsgefühl einer Gruppe von Menschen. Wir alle haben dieses Gefühl schon einmal gehört, gesehen und im besten Fall schon einmal selber gespürt. Wir sehen es, wenn die Spieler einer Mannschaft vor dem Spiel *ihre Hände aufeinander legen* und sich auf das bevorstehende Match einstimmen. Wir hören es, wenn die Erzieherin den Eltern mitteilt, was dem Team ihrer Gruppe wichtig ist („Als Team ist *uns* das wichtig!"). Und das empfundene, spürbare Wir-Gefühl drückt sich in dem Grad der *empfundenen Zusammengehörigkeit* von Menschen aus und spiegelt die Gemeinsamkeiten in dieser Gruppe wider.

Ein „Wir"-Gefühl innerhalb eines Teams entsteht, wenn jedes Mitglied die Arbeitsstrukturen kennt, mit seinen Aufgaben vertraut ist, die gemeinsamen Teamziele vertreten kann und sich somit der Gruppe zugehörig fühlt.

Eine Stärkung des „Wir"-Gefühls wird dabei durch mehrere Faktoren erreicht. Zunächst braucht es *faire Rahmenbedingungen* für alle Teammitglieder: einen gleichen Wissensstand, vielfältige Arbeitsmaterialien, die allen zur Verfügung stehen, genügend Zeit und Raum für die Erledigung der anstehenden Aufgaben sowie regelmäßige Gespräche mit der Leitung.

Darüber hinaus setzt sich ein Team gemeinsame Ziele (→ Frage 49). Das Wir-Gefühl wird hierbei gestärkt, wenn diese Ziele (mit ihren entsprechenden Teiletappen) für alle Beteiligten klar, machbar, ersichtlich und regelmäßig überprüfbar sind.

Ein weiterer Faktor sind *gemeinsame Erlebnisse* (z. B. Betriebsausflüge, Teamsitzungen, Planungstage oder Seminartage mit dem ganzen Team), die eine gemeinsame Geschichte des Teams widerspiegeln (und zu der jeder einzelne Kollege beigetragen hat). Bei der Planung dieser Unternehmungen sollten möglichst viele Teammitglieder involviert sein.

Gemeinsame Erfolge (z. B. positives Feedback von Vorgesetzten, Eltern oder dem Träger, wertschätzende Presseartikel oder eine positive Reflexionsein-

Teamqualitäten

heit) sind wichtig für den Zusammenhalt im Team. Wenn jeder Einzelne merkt, dass er im Team etwas bewirken und somit mit dem Team Erfolge erzielen kann, stärkt das die Motivation (→ Frage 48) für weiteres Engagement und somit das Wir-Gefühl.

Eine *regelmäßige Teamarbeit* (z. B. Spiele und Übungen, Rituale im Team, Zeit für Teamgespräche und Ideensammlungen) stärkt darüber hinaus ebenfalls den Zusammenhalt im Team. Daher sollte für solche Aktionen auch immer wieder Zeit und Raum eingeräumt werden.

Bei der Entwicklung solcher Rituale für das Team kann man sich an besonderen Anlässen wie Geburtstagen, Feiern oder an den Jahreszeiten orientieren: besinnliche Meditationen im Advent, kleine Überraschungen mit guten Wünschen für die Kollegen zum Wochenstart, ein Korb mit Vitaminen im Personalraum oder ein Buch, in das Kollegen ihre Glücksmomente schreiben. Wichtig bei diesen Gesten ist, dass sie einfach zu gestalten sind, und sich alle Kollegen daran beteiligen.

Und zu guter Letzt trägt eine Komponente zur Stärkung des Wir-Gefühls bei, die meist am Anfang jeder Teamarbeit steht: das Erarbeiten einer Teamkultur (→ Frage 25). Antworten auf Fragen wie „Welche Werte sind uns wichtig? Was bedeutet wertschätzender Umgang im Team?", die im Rahmen der Teamkultur erarbeitet werden, liefern die notwendige Grundlage jeglicher Zusammenarbeit.

27 Wie wird Zusammenhalt im Team sichtbar?

Der Zusammenhalt eines Teams äußert sich in zwei Bereichen: dem inhaltlichen (die Themen innerhalb der Einrichtung betreffenden) und dem äußeren (konkret sichtbaren) Zusammenhalt.

Inhaltliches Sichtbarmachen des Zusammenhaltes meint, dass sich die Teammitglieder auf konzeptionelle Inhalte, Werte und Regeln geeinigt haben. Sie können diese den Kindern, Eltern und außenstehenden Personen vermitteln – im Idealfall antworten unterschiedliche Teammitglieder auf dieselbe Frage mit dem gleichen Inhalt. Dabei geht es darum, dass die einzelnen Teammitglieder auch wirklich hinter den Werten und der Konzeption der Einrichtung stehen und diese verinnerlicht haben: Ein vordergründiges, eintrainiertes Wissen wird schnell durchschaut, da auf intensive Nachfragen keine Antworten mehr folgen können. Dies ist auch der Grund, warum es effektive Teamsitzungen und Zeit braucht, um die Handlungsgründe, konzeptionellen Ziele, Werte und Regeln genau zu definieren und deren Umsetzungsmöglichkeiten für den Kita-Alltag zu erarbeiten.

Äußeres Sichtbarmachen des Zusammenhaltes zeigt sich in Symbolen, wie selbst gestaltete Team-Logos, einheitlichen Kleidungselementen bei Festen oder Veranstaltungen. Auch kann dies erreicht werden, indem ein gemeinsames Team-Plakat (→ Frage 55) mit den Werten und Inhalten des Teams gestaltet wird und beispielsweise in der Einrichtung aushängt.

Entscheidend ist auch, dass der inhaltliche und äußerliche Zusammenhalt zusammenhängen. Wenn Teammitglieder Werte und Regeln definiert haben (inhaltlicher Zusammenhalt), beeinflussen und leiten diese ihre Handlungen, die in der Öffentlichkeit konkret sichtbar werden (äußerer Zusammenhalt), etwa durch ähnliche Handlungen den Eltern oder Kindern gegenüber. Somit kann nur das nach außen sichtbar werden, was auch „innen vorhanden" ist.

28 Wie präsentieren sich Teams nach außen?

Gemeinsame Veranstaltungen (z. B. Feste in der Einrichtung oder Elternabende) sind immer eine gute Gelegenheit für das Team, sich nach außen zu zeigen und gemeinschaftlich aufzutreten. „Wir ziehen alle am gleichen Strang" oder „Wir sitzen alle im gleichen Boot", sind Aussagen, die mit einem Zusammengehörigkeitsgefühl und einer gemeinsamer Zielorientierung einhergehen. Damit dieser Zusammenhalt (→ Frage 27) auch nach außen deutlich wird, muss er für die Mitglieder des Teams spürbar sein. Nur was selbst innerlich vertreten wird, kann auch authentisch nach außen präsentiert werden.

Um somit beispielsweise auf einem Fest Zusammengehörigkeit zu repräsentieren, ist es wichtig, dass jedes Teammitglied eine *Aufgabe* hat, die es erfüllen kann. Jeder ist wichtig und jeder kennt seinen eigenen und auch den Aufgabenbereich des anderen. Aufgaben und *Rollen* werden verteilt, die nicht unbedingt etwas mit der Berufsbezeichnung zu tun haben müssen. Bei einem Sommerfest gibt es beispielsweise die „Organisationskräfte", die den

Teamqualitäten

Überblick während des Fests behalten, Wege weisen, die Zeit im Blick haben und koordinieren. Des Weiteren sind die „Spielmacher" gefragt, die Spiele durchführen, mitspielen oder dazu motivieren. Natürlich gibt es auch noch „Festbegleiter", die sich unter die Gäste mischen, Small-Talk halten, Gäste willkommen heißen und sie durch das Fest begleiten. Diese Rollen werden im Einklang mit der Persönlichkeit und den Kompetenzbereichen festgelegt. Je nach Team und Fest kann es noch weitere Aufgabenbereiche und Rollen geben.

Von den Praktikanten bis zur Leitung stehen alle Mitarbeiter als Ansprechpartner für die Gäste bereit, da sie den gleichen *Wissensstand* bezüglich Abläufen, Regeln und Inhalten innerhalb des Teams bzw. der Einrichtung haben.

Auch *Ziele* wurden vorher vereinbart, z. B. der Anfang und das Ende des Festes, dass es ein „Eltern-Kind"-Fest mit geplanten „Eltern-Kind"-Aktionen werden soll oder dass die Vielfalt der unterschiedlichen Kulturen, die die Kita bereichern, im Programm (im Essen, Singen oder Tanzen) aufgegriffen wird. Auch diese Ziele sind allen Mitarbeitern der Kita bewusst.

Wenn der Team-Zusammenhalt authentisch spürbar wird, überträgt sich dieses Zusammengehörigkeitsgefühl (→ Frage 26) auch positiv auf die gesamte Einrichtung und ihre Zielgruppen.

29 Was bedeutet Öffentlichkeitsarbeit für das Team?

Öffentlichkeitsarbeit ist allgemein formuliert die Arbeit, die verrichtet wird, wenn sich eine Kindertageseinrichtung einer Öffentlichkeit präsentiert. Das Ziel besteht darin, ihre Konzeption, die geleistete Arbeit sowie die Einrichtung als Ganzes transparent zu machen und sie authentisch und positiv darzustellen. Öffentlichkeitsarbeit geschieht in der Regel über direkte Zusammenarbeit mit den Medien, wie Zeitungen, Fachzeitschriften, Radio oder Fernsehen. Vor Veröffentlichung der Beiträge sind natürlich die rechtlichen Grundlagen abzuklären, aber auch die Ziele der Aktionen sind im Team zu überlegen.

Öffentlichkeitsarbeit kann somit auf der einen Seite durch die Medien aktiv lanciert werden bzw. „passiert" sie auf der anderen Seite gleichzeitig auch immer dann, wenn sich Teammitglieder in einer raumnahen Öffentlichkeit bewegen. Räumlich nah meint hier die direkte Umgebung der Kindertageseinrichtung, z. B. den gleichen Stadtteil bzw. die nähere dörfliche Umgebung. Die pädagogischen Fachkräfte wirken dann als Repräsentanten der Einrichtung. In der öffentlichen Wahrnehmung wird ihr Verhalten mit der Einrichtung verknüpft. Ein Bewusstsein für diese Mechanismen sollte daher bei ihnen geschaffen werden.

Fragen und Antworten zu:

Ich schätze dich! – Begegnungen im Team

Ich schätze dich! –

30 Welche Kommunikation findet im Team statt?

Sobald eine Begegnung zwischen Menschen stattfindet, beginnt auch Kommunikation. Es ist von Vorteil die *direkte* Kommunikation (sog. „face-to-face") zu wählen, da sie weniger Missverständnisse (→ Frage 39) und Unklarheiten birgt als die *indirekte* Kommunikation (über ein zwischengeschaltetes Kommunikationsmedium wie das Telefon). Darüber hinaus findet sie sowohl *verbal* (sprachlich) als auch *nonverbal* (Sprache des Körpers, Mimik und Gestik) statt. Die Körpersprache hat einen wesentlichen Anteil an der Kommunikation, da sie meist intensiver wahrgenommen wird als die Worte, die gesprochen werden: „Ihre Körperhaltung, Ihre Stimme, Ihre Mimik, Ihr Auftreten, Ihre Haltung, Ihr Blick, also Ihr ganzer Körper, [muss] zu dem passen, was Sie sagen. Mehr noch, das Gesagte muss dadurch getragen werden" (Kohlmann-Scheerer 2007, S. 6). Die Körpersprache liefert somit dem Empfänger der Kommunikation zusätzliche Informationen über das Gesagte bzw. kann dem Gesagten Nachdruck verleihen. Auch aus diesem Grund ist die direkte Kommunikation der indirekten vorzuziehen.

Direkte Kommunikation funktioniert demnach von Angesicht zu Angesicht. Es handelt sich hierbei um die Gestaltung eines Kontaktes, bei dem sich die Gesprächspartner (Kollegen bzw. Vorgesetzte) persönlich begegnen:

Small-Talk: Der Small-Talk ist ein kurzer Gedankenaustausch unter Teamkollegen und Vorgesetzten, bei dem berufliche (und evtl. private) *informelle* Informationen weitergegeben werden. Diese sind für den professionellen Beziehungsaufbau (→ Frage 15) und zur Stärkung des Teamgefühls (→ Frage 26) wichtig. Small-Talk gelingt am besten, wenn zum Einstieg eine Frage gestellt wird, die ein Thema betrifft, über das bereits schon mit dem Gesprächspartner gesprochen wurde bzw. beide Gesprächspartner verbindet. Auch auf den ersten Blick scheinbar belanglose Themen signalisieren dem Gesprächspartner Interesse an seiner Person, was wiederum den Beziehungsaufbau stärkt.

Tür- und Angelgespräche: Diese Art der Kommunikation heißt so, da sie im wahrsten Sinne zwischen „Tür- und Angel" stattfindet. Die Gespräche werden in dieser Form geführt, da zum einen ein konstanter Kontakt wichtig ist und zum anderen keine Zeit für ein ausführliches Gespräch vorhanden ist, die kommunizierten Inhalte aber „nicht warten sollten". Hier wird zum einen „ge-small-talkt" und zum anderen werden wichtige Informationen, die den Berufsalltag betreffen, weitergegeben. Jedoch braucht auch ein

Begegnungen im Team

Tür- und Angelgespräch einen gewissen geschützten Rahmen, damit auch wirkliche Inhalte ausgetauscht werden können.

Geplante Teamsitzungen: Teamsitzungen (→ Frage 38) sind ein wichtiger Bestandteil aller geplanten und vorbereiteten inhaltlichen Arbeitskommunikation, die das unmittelbare Tätigkeitsfeld betrifft. Sie sind für die Weitergabe von Informationen, Diskussionen über berufliche Themen, Erweiterung von Wissen, Planung (→ Frage 49) und Reflexion von Projekten sowie den Zusammenhalt im Team enorm wichtig. Die Moderatorin der Teamsitzung sorgt für eine klare Struktur und bezieht alle Teilnehmer ein. Es sollte eine „Feedback"-Zeit eingeplant werden, in deren Rahmen alle Teammitglieder Rückmeldung über Projekte oder den Kita-Alltag geben können.

Maßnahmen zur Teamstärkung: Auch Maßnahmen zur Teamstärkung (z. B. Betriebsausflüge oder gemeinsame Aktivitäten außerhalb der Kita) stellen eine Art zu kommunizieren dar. Diese Maßnahmen fördern die Motivation im Team und wirken sich positiv auf den Beziehungsaufbau unter den Kollegen aus. Während eines solchen Ausfluges wird vorwiegend Small-Talk praktiziert, da Informationen und fachliche Gespräche rund um die tägliche Arbeit in der Kita auch dort belassen werden sollten (nur dort haben sie einen geschützten, nicht öffentlichen Raum). Aber man darf dabei nicht vergessen, dass auch ein Betriebsausflug im beruflichen Kontext stattfindet. Für die Gesprächskultur (→ Frage 33) gelten die gleichen Regeln wie in der Kita. Was jeder Einzelne erzählt, sollte somit „kollegentauglich" sein – schließlich handelt es sich um eine Teamaktivität und keinen Plausch mit Freunden.

Unter *indirekter Kommunikation* wird das Gespräch über ein *Medium* verstanden, z. B. über das Telefon oder den Computer. Informationen, die schriftlich über E-Mail oder SMS weitergegeben werden, sind in der Regel missverständlicher und lassen mehr Interpretationsspielraum zu als der direkte Kontakt zum Gesprächspartner. Denn im direkten Kontakt wird die Art und Weise, „wie" eine Nachricht überbracht wird (z. B. Körpersprache, Tonfall und Umgebung) als wichtiger Teil der eigentlichen Information wahrgenommen. Auch fällt ein Nachfragen („Wie meinen Sie das?") hier meist leichter, da man direkt eine Antwort erhält und so lange nachfragen kann, bis der Inhalt klar ist.

Telefongespräche: Sie werden zum Mitteilen von Informationen genutzt. Wenn ein komplexeres Thema besprochen werden soll, ist es sinnvoll, im Vorfeld einen konkreten (wenn möglich) persönlichen Gesprächstermin auszumachen. Gerade wenn kein Sichtkontakt besteht, ist es umso wichti-

Ich schätze dich! –

ger, genau zu wissen, was man dem anderen mitteilen möchte. Kurze, klare Ansagen in einer freundlichen Stimmlage lenken die Aufmerksamkeit des Zuhörers auf die Mitteilung.

E-Mails: E-Mails können auch im Team genutzt werden, wenn es um Informationen geht, zu denen bestimmte Dateien nötig sind, die nur in elektronischer Form vorhanden sind. Vertrauliche Daten sollten so aber auf keinen Fall weitergeleitet werden. Eine E-Mail ersetzt auch kein persönliches Gespräch. Deshalb sollte im Team festgelegt werden, wann E-Mails hilfreich sind und wann sie eher zu Missverständnissen führen.

Kommunikation im Team unter Kollegen und Vorgesetzten ist eine komplexe Angelegenheit, da sie auf Wahrnehmung und gekonnter Gesprächsführung basiert. Grundsätzlich sind Kommunikationsformen wichtig, in denen die Teilnehmer klar formulierte Informationen bekommen und weitergeben können. Darüber hinaus sollten sie eine positive Einstellung zu den Gesprächspartnern (also zu den Teamkollegen) transportieren.

Was besagt das „Vier-Ohren-Modell" der Kommunikation?

Es gibt verschiedene Kommunikationsmodelle, die die Interaktion zwischen den kommunizierenden Parteien analysieren und erklären. Ein Modell in diesem Bereich ist das „Vier-Ohren-Modell" von Prof. Dr. Friedemann Schulz von Thun (2005, S. 25–50). Es erklärt das gegenseitige Wirken von Sender und Empfänger einer Nachricht.

Dieses Modell soll an einer erfundenen Unterhaltung zwischen zwei Kollegen, wie sie in der Kita täglich vorkommen kann, illustriert werden: „Wie kann ich dich heute unterstützen, da deine Kollegin krank ist?" – „Es wäre gut, wenn du mir beim Mittagessen helfen könntest" – „Gerne, wann genau soll ich in deine Gruppe kommen?" – „Von 12.15 bis 12.45 Uhr brauche ich Hilfe. Dann kann ich anschließend die Tische abwischen und die Kinder begleiten, wenn sie sich ‚gartenfertig' machen" – „Alles klar, dann bis später" – „Bis später und vielen Dank, dass du mich unterstützt!"

Jede Form einer Begegnung ist automatisch auch eine Interaktion zwischen Sender und Empfänger. Es geht dabei um eine Nachricht, die von einem Sender an einen Empfänger kommuniziert werden soll. Schulz von Thun beschreibt das in seiner „Anatomie der Nachricht". Er hat vier bedeutsame Inhalte herausgearbeitet, die eine solche Nachricht enthalten kann:

- „*Sachinhalt* (‚Worüber ich informiere.')
- *Selbstoffenbarung* (‚Was ich von mir selbst kundgebe.')
- *Beziehung* (‚Was ich von dir halte und wie wir zueinander stehen.')
- *Appell* (‚Wozu ich dich veranlassen möchte.')"

(Schulz von Thun 2005, S. 45)

Analog dazu wird die Rezeption der Nachricht beim Empfänger kategorisiert. Es sind die sog. „vier Ohren", mit denen er die Nachricht hören bzw. verstehen kann:

- „*Sach-Ohr* (‚Wie ist der Sachverhalt zu verstehen?')
- *Beziehungs-Ohr* (‚Wie redet der eigentlich mit mir? Wen glaubt er vor sich zu haben?')
- *Selbstoffenbarungs-Ohr* (‚Was ist das für einer? Was ist mit ihm?')
- *Appell-Ohr* (‚Was soll ich tun, denken oder fühlen aufgrund seiner Mitteilung?')"

(Schulz von Thun 2005, S. 45)

Wenn das Gespräch aus dem oben stehenden Beispiel anhand dieses „Vier-Ohren-Modells" beleuchtet wird, kann folgendes festgestellt werden:

Aus Sicht des Senders:

- Appell: „*Ich möchte*, dass du dir helfen lässt!"
- Beziehungsebene: „Ich möchte *dich als Kollege* unterstützen!"
- Sachebene: „Sag mir bitte, *zu welcher Zeit* ich dich unterstützen kann!"
- Selbstoffenbarungsebene: „*Ich weiß selber wie es ist*, wenn eine Kollegin krank ist. Deshalb biete ich dir Unterstützung an."

Aus Sicht des Empfängers:

- Appell: „*Ich soll* Unterstützung annehmen!"
- Beziehungsebene: „Ich schätze es, dass *du mir als Kollege* deine Hilfe anbietest!"
- Sachebene: „Du *bietest* mir deine *Unterstützung* an und möchtest wissen, *wann* du mir konkret helfen kannst!"
- Selbstoffenbarungsebene: „*Danke, dass du mitdenkst* und mir Unterstützung anbietest!"

Das Wissen um diese vier Ebenen lässt sich in Gesprächen anwenden. Vor allem in der Selbstreflexion lässt es erkennen, „auf welchem Ohr" eine

Ich schätze dich! –

Nachricht von dem jeweiligen Kollegen gehört wurde. Mit diesem Wissen können beispielsweise Missverständnisse (→ Frage 39) umgangen werden, indem der Empfänger sich bewusst auf die Sachebene konzentriert: „Welche Sachinformation steckt hinter der Aussage des Senders?" Des weiteren sollte sich der Sender darüber klar sein, was er eigentlich dem Empfänger mitteilen möchte und dabei den Sachgehalt so genau wie möglich ausdrücken: „Um wie viel Uhr brauchst du meine Unterstützung?", ist dabei eine sehr viel konkretere Aussage als ein „Ich komme nachher mal vorbei".

Kommunikation im Team ist ein wichtiges und spannendes Thema. Um sie im Rahmen einer Teamübung (→ Frage 52-55) aufzugreifen, könnte beispielsweise das „Vier-Ohren-Modell" vorgestellt und erklärt werden, damit der Wissensstand im Team weitgehend einheitlich ist. Die vier Ohren werden auf jeweils vier große Blätter geschrieben. Eine Nachricht wird ausgewählt und aufgeschrieben, z. B. „Bis zur nächsten Teamsitzung bringt jeder seine Ideen fürs Maifest mit". Nun schreiben die einzelnen Teammitglieder auf die jeweiligen Blätter, was sie auf den einzelnen Ohren hören. Am Ende der Übung wird sich noch mit der Frage „Was brauchst du, damit du die Nachricht positiv für dich aufnehmen kannst?", auseinander gesetzt. Die Antworten werden ebenso auf ein extra Blatt geschrieben und im Team diskutiert. Ziel dieser Übung ist es, die unterschiedlichen persönlichen Wahrnehmungen zu verdeutlichen und dadurch die Achtsamkeit in der Teamkommunikation zu fördern.

32 Wie kann Kommunikation gestaltet werden, damit sie gelingt?

Gelingende Kommunikation ist vor allem *klar* und *eindeutig*. Kommunikation wird dann als gelungen empfunden, wenn der Gesprächspartner Reaktionen des Verstehens zeigt und Handlungen folgen, die dies bestätigen. Annahmen, wie „Ich sage es durch die Blume, dann wird der andere das schon verstehen", oder „Ich gehe davon aus, dass der andere weiß was ich meine", sind oftmals Auslöser für Missverständnisse, da die Wahrnehmung des anderen sich mit der eigenen in den meisten Fällen nicht deckt. Die Voraussetzung für die Formulierung eindeutiger Aussagen ist, dass sich der Sender darüber im Klaren ist, was er seinem Gegenüber sagen möchte. Eine eindeutige und klare Aussage geht einher mit Kommunikationsstrategien,

Begegnungen im Team

die den Gesprächspartnern helfen, die Begegnung gelingend zu gestalten. Nachfolgend sind einige dieser Strategien aufgelistet:

Bewusstheit in der Aussage: Der wohl wichtigste Punkt für eine gelingende Kommunikation ist die Bewusstheit und Sicherheit der eigenen Aussage. Nur wer selber weiß, was er aus welchem Grund mitteilen möchte, kann dies auch entsprechend an sein Gegenüber kommunizieren. Die Beantwortung der Frage „*Was* möchte ich meinem Gegenüber mitteilen?", ist somit elementar. Die Botschaft sollte dann klar und eindeutig formuliert werden.

ICH-Botschaften: Sie helfen bei einer klaren Formulierung. „Ich möchte, dass (…)", oder „Es ist mir wichtig, dass (…)" sind Aussagen, die vom Sender persönlich und verbindlich ausgesprochen werden. Die Klärung, *warum* die Botschaft für den Sender (→ Frage 31) wichtig ist, nimmt der Aussage Willkürlichkeit und erklärt sie zugleich. „Es ist mir wichtig, dass jedes Teammitglied seine Ideen in die Sommerfestplanung einbringt und somit alle zu einem guten Gelingen beitragen", hat mehr Aufforderungscharakter als die unverbindliche Aussage „Alle Teammitglieder bereiten sich bitte auf die Sommerfestplanung vor". Auch im Alltag trägt ein „Ich möchte, dass die Erzieher beim Mittagessen die Regeln einhalten, da wir gerade hier als Vorbild für die Kinder fungieren" mehr Verbindlichkeit als ein „Haltet bitte auch als Erzieher beim Mittagessen die Regeln ein".

Fragen: Nachfragen und Fragen stellen sind in der Kommunikation sehr wichtig. Nachfragen (z. B. ob und wie die Aussage verstanden wurde) beugt Missverständnissen vor. Wer Fragen stellt, hat die Chance, das Gespräch lösungsorientiert und positiv zu beeinflussen.

Sachebene: Eine Kommunikation auf der sachlichen Ebene ist im beruflichen Kontext von Vorteil. Man kommuniziert auf der sachlichen Ebene, wenn die getätigten Aussagen sich auf objektive Fakten und Beobachtungen stützen sowie ein Lösungsansatz aufgezeigt werden kann: „Mir ist aufgefallen, dass wir unseren letzten Ausflug *vor drei Monaten* (objektive Tatsache) unternommen haben. *Ich* finde es *wichtig* (ICH-Botschaft), *regelmäßige Exkursionen* (Sachebene) zu unternehmen, *damit* (Erklärung) die Kinder unsere Umgebung kennenlernen. *Welche Vorschläge* (angeboteter Lösungsansatz) gibt es für Exkursionen?"

Bitten: Eine Kollegin um etwas zu bitten, kostet manchmal Überwindung. Hier ist es vorteilhaft, die Bitte klar zu formulieren und auch die Konsequenz aufzuzeigen, die durch das Erfüllen der Bitte entsteht. Dann hat die Kollegin die Entscheidungsfreiheit, der Bitte nachzugehen oder diese abzulehnen: „Ich weiß, es ist spät und Sie sind am Gehen. Könnten Sie bitte trotzdem noch meinen Text für morgen gegenlesen? Es dauert vermutlich 15 Minuten, aber es wäre mir eine große Hilfe" (Küstenmacher 2005, S. 133).

„Wäre, Könnte, Sollte": Wenn man bei Planungsgesprächen (→ Frage 49) zu keinem Ergebnis kommt, weil sich die Gesprächspartner die Situation oder das Projekt nicht vorstellen können, dann hilft meist ein fantasievoller Blick in die Zukunft: *„Könntet ihr euch vorstellen, dass (...). Wenn dieser Fall eintreffen sollte, was könnten wir dann bestenfalls unternehmen? Wäre es unter bestimmten Bedingungen möglich, dass (...). Und wenn ja, was wären diese Bedingungen?"*

Wiederholung des eigenen Standpunktes: Dies bedeutet zunächst die eigene Meinung klar zu formulieren und diese dann mehrmals im Gespräch wiederzugeben. Die Wiederholungen erzeugen Sicherheit beim Sender und lassen den Empfänger wissen, dass die Aussage bzw. der Standpunkt von Relevanz ist. Ein Beispiel: „Ich möchte, dass der Tagesablauf durch Fotos für die Kinder transparent gemacht wird, da dies Orientierung bietet. (...) Mir ist es wichtig, dass der Tagesablauf durch Fotos für die Kinder transparent gemacht wird und somit Orientierung bietet. (...) Durch Fotos wird der Tagesablauf für die Kinder transparent gemacht und bietet Orientierung, das finde ich wichtig."

(Bewusster) Einsatz von Körpersprache: Ein freundliches Lächeln zur Begrüßung oder ein aufmunterndes Lächeln während eines Gesprächs trägt zu seinem Gelingen bei, vorausgesetzt das Lächeln ist ernst gemeint und wirkt authentisch. Ebenso positiv wirken ein zustimmendes Nicken oder ein bewusstes Unterstreichen der Worte durch die passenden Gesten.

Bei jedem Gespräch nehmen wir etwas mit, das unsere Kommunikationserfahrung reicher macht: Eine klare Aussage, die von Kollegen verstanden wurde, die Klärung eines Missverständnisses durch Nachfragen oder vielleicht auch einfach „nur" ein zustimmendes Lächeln der Kollegin während eines Gesprächs.

Begegnungen im Team

33 Welche Gesprächsregeln sind im Team wichtig?

Die Gesprächsregeln innerhalb der Teams sollten zunächst mit dem gesamten Team erarbeitet und anschließend gemeinsam erprobt werden. Ein Austesten dieser Regeln ist für den Einzelnen genauso wichtig wie die positive Einstellung zu ihnen. Die Motivation steigt, wenn das einzelne Teammitglied Fairness durch eine professionelle Gesprächshaltung erlebt. Kommunikation ist ein wichtiges Element in der Teamarbeit, und deshalb hilft es gerade „neuen" Teams, wenn Gesprächsregeln (z. B. für eine Teamsitzung) definiert werden (die natürlich nicht nur dort Anwendung finden müssen):

- **Reflexion der eigenen Einstellung** (→ Frage 14): Eine positive Einstellung seinem Gesprächspartner gegenüber prägt das Gespräch entscheidend mit.
- **ICH-Botschaften** (→ Frage 32): Wer ICH-Botschaften sendet, spricht von seiner eigenen Wahrnehmung und bleibt damit auch in seiner Verantwortlichkeit. DU-Botschaften können anschuldigend wirken und somit beim Gesprächspartner eine Mauer aufbauen oder eine Trotzreaktion hervorrufen. „Es ist *mir* wichtig, dass dieses Projekt einen guten Abschluss findet" (ICH-Botschaft), ist eine ganz andere Aussage als „*Bring* bitte das Projekt zu einem guten Abschluss" (DU-Botschaft).
- **Kritik** (→ Frage 36) sollte im geschützten Rahmen und zeitnah geäußert werden. Sie ist immer mit sachlichen Erklärungen verbunden, die der andere nur der betroffenen Person gegenüber äußern sollte. Die Kommunikation über Drittpersonen, die nicht Kritikempfänger sind, schadet der professionellen **Beziehung** (→ Frage 15), da der Kritisierte keine Möglichkeit zur Klärung oder Stellungnahme hat.

In Teams gilt die Devise „Lieber einmal zu viel *nachfragen*, als sich aus Unsicherheit zurückzuziehen". Sachliches Nachfragen heißt, sich aktiv zu beteiligen und Verantwortung für eine Sache zu übernehmen. Sind die Fragen tatsächlich unangebracht (z. B. auf der persönlichen Ebene), kann der Gefragte mit einer Gegenfrage kontern: „Kann es sein, dass deine Tochter in der Schule derzeit Probleme hat?" – „Ach apropos Schule: Weißt du schon, wann dieses Jahr die Schulanmeldung für die kommenden Erstklässler stattfindet?"

Um das eigene Kommunikationsverhalten zu trainieren, könnte folgende Übung durchgeführt werden: Eine achtsame Kommunikation setzt Einfühlungsvermögen, eine positive Einstellung und Respekt für die Meinung anderer voraus. All dies kann gefördert werden, indem die Teammitglieder während einer Diskussion ihre Meinung auf ein Blatt Papier schreiben und dieses auf ihren Platz legen. Dann werden die Plätze getauscht und jeder liest die Meinung desjenigen vor, auf dessen Platz er jetzt sitzt. Anschließend werden Fragen gestellt, z. B. „Welche Information brauche ich von demjenigen auf dessen Platz ich sitze, damit ich diese Meinung verstehen kann?". Sich mit dem anderen auseinanderzusetzen, ohne gleich zu interpretieren und zu urteilen, ist eine grundlegende Voraussetzung für gelingende Kommunikation in Teams.

34 Welche Anreden gelten in einem Team?

Zunächst ist es am Anfang in einer neuen Arbeitsstelle (→ Frage 22) ganz klar, alle Kollegen und selbstverständlich auch die Vorgesetzten mit „Sie" anzusprechen. Das bedingt die Höflichkeit und der gegenseitige Respekt. Wird mit der Zeit dann das „Du" angeboten, nimmt man es meistens an oder bietet es gegenüber jüngeren Kollegen selbst an. Letztendlich sollte beim Anbieten des „Du" jeder für sich entscheiden, ob er das möchte und wie er im beruflichen Kontext gerne angesprochen werden will. Bei Vorgesetzten oder Personen, die älter als man selbst sind, gilt es, so lange beim „Sie" zu bleiben, bis das „Du" angeboten wird.

Eine stabile, professionelle Beziehung (→ Frage 15) ist übrigens nicht abhängig von der Anrede der Kollegen. Auch ein gegenseitiges Siezen steht einer positiven Arbeitsbeziehung nicht im Wege. Im Gegenteil, es bekräftigt meist sogar den beruflichen Kontext und die darin gewünschte Sachlichkeit.

Aber auch beim gegenseitigen Duzen gilt es, sich des beruflichen Kontexts bewusst zu sein und respektvollen Abstand zu halten. Dieser wird durch einen professionellen Sprachgebrauch und eine klare Körpersprache gezeigt (wie es für eine Arbeitsbeziehung angemessen ist).

Begegnungen im Team

35 Was ist der Unterschied zwischen Kritik und Feedback?

Sowohl Kritik als auch Feedback beziehen sich auf das Verhalten des Gegenübers – und dies vom eigenen Standpunkt aus betrachtet. Kritik (→ Frage 36) ist ein sachlicher Hinweis auf ein bestimmtes Verhalten, das als fehler- oder unvorteilhaft wahrgenommen wird. Kritik im beruflichen Kontext erfolgt auf der sachlichen Ebene (→ Frage 32), dennoch wird sie vom Empfänger häufig als negativ empfunden. Feedback (→ Frage 37) hingegen ist eine Rückmeldung zum Verhalten oder Handeln und sollte regelmäßig als Prozess der Reflexion genutzt werden. Im Anschluss an das Feedback reflektiert der Einzelne sein Handeln und Verhalten und es sollten Lösungen oder Handlungsalternativen erarbeitet werden. Feedback erfolgt ebenfalls auf der sachlichen Ebene und kann sowohl positiv (in Form von Anerkennung) als auch (in Form von Kritik) aufgenommen werden.

Kritik und Feedback werden immer in einem geschützten Rahmen geäußert. Einfühlungsvermögen sowie ein achtsames Vorgehen sollten dabei neben der zu äußernden Sachlage im Vordergrund stehen.

Beim Äußern von Kritik sowie beim Geben von Feedback gelten bestimmte Regeln (→ Frage 4, 33), die vorher von den Gesprächspartnern wie auch innerhalb des Teams ausgemacht werden sollten: „Gegenseitiges Vertrauen, Sicherheit und Schutz, z. B. vor moralisierender Beurteilung, sind Voraussetzung dafür, dass ein in sich hochsensibler Prozess, in dem neben Meinungen auch Gefühle und Empfindungen geäußert werden, gelingen kann" (Hagehülsmann 2007, S. 93).

36 Was macht faire Kritik aus?

Kritik zu äußern ist keine Angelegenheit, die schnell zwischen Tür- und Angel (→ Frage 30) erledigt wird. Denn der bittere Nachgeschmack einer kritischen Äußerung entsteht gerade dann, wenn sie in keinem geschützten Rahmen stattfindet und somit keine Gelegenheit für Nachfragen bzw. Überlegungen zu Handlungsalternativen oder Lösungsmöglichkeiten gibt.

Wie Kritik fair und effektiv geübt werden kann, soll an einem kurzen Beispiel aufgezeigt werden: Eine Erzieherin ärgert sich über das morgendliche

Ich schätze dich! –

Verhalten ihrer Kollegin: „Es nervt mich, dass meine Kollegin fast eine Stunde für Tür- und Angelgespräche mit Eltern aufbringt, während die Kinder gerade in dieser Zeit Hilfe beim Frühstück und Unterstützung beim Ankommen in der Kita brauchen. Wie kann ich ihr das mitteilen?" Hier Kritik fair zu äußern, bedeutet, einen geschützten Rahmen für ein Gespräch zu schaffen, in dem sich die Beteiligten begegnen können. Folgende Punkte sollten hierbei berücksichtigt werden:

- Es sollten auf der Sachebene (→ Frage 32) ICH-Botschaften geäußert werden: *„Mir* (Ich-Botschaft) *ist aufgefallen, dass die Kinder unsere Unterstützung gerade in der Morgenzeit brauchen* (Sachebene). Daher *finde ich es wichtig* (Ich-Botschaft), *dass wir beide im Raum präsent sind. Momentan ist das nicht der Fall* (Sachebene), da du in dieser Zeit Tür- und Angelgespräche mit den Eltern führst. Wie empfindest du die Situation?", könnte die Erzieherin ihre Kritik einleiten.
- Es folgt ein *Dialog,* der die *Situation des Gegenübers* miteinschließt: *„Mir ist es wichtig* mit den Eltern in gutem Kontakt zu bleiben, deshalb *möchte ich* auf die Tür- und Angelgespräche *nicht verzichten* (Ich-Botschaften)", könnte beispielsweise die Kollegin erwidern.
- In diesem Dialog ist das *Zulassen von Fragen,* eine *Verständnis-Orientierung* sowie die Suche nach *Klärungs- und Lösungsansätzen* essenziell: „Ich kann *nachvollziehen,* dass du mit Eltern in gutem Kontakt bleiben möchtest. *Jedoch* brauchen die Kinder in dieser Zeit unsere ganze Aufmerksamkeit. Wie könnten wir diese Situation *lösen*?", fragt die Erzieherin weiter. „Ich kann mir vorstellen, die Tür- und Angelgespräche morgens auf die nötigsten Informationen zu beschränken und die ‚Beziehungsarbeit' mit den Eltern auf den Nachmittag zu verlegen, da ist die Situation entspannter!", sagt daraufhin die Kollegin. „Diese Lösung können wir in den nächsten Wochen testen und dann überlegen, ob es funktioniert", so die Erzieherin.
- In einem letzten Schritt erfolgt die *Erarbeitung überprüfbarer Lösungen*: „Okay, diese Lösung *probieren* wir aus und *überlegen in zwei Wochen,* wie es funktioniert und ob wir beide damit einverstanden sind", schließt die Kollegin das Gespräch.

Kritik zu äußern braucht Feinfühligkeit (→ Frage 14), Zeit und einen fairen Rahmen. Je stabiler die Beziehung zwischen zwei Kollegen ist, desto mehr Kritik hält sie aus. Es ist darüber hinaus enorm wichtig, dass der kritisierte Bereich nur als ein Teil der Arbeit des Kollegen dargestellt wird.

Begegnungen im Team

37 Welche Bedeutung hat Feedback unter Kollegen?

Feedback im kollegialen Kontext wird als Rückmeldung für Bereiche des beruflichen Tätigkeitsfeldes gesehen und kann auch Teil einer Reflexionseinheit sein: „Insgesamt ist Feedback dann von Nutzen, wenn es jemandem hilft, sich selbst und seine Wirkung auf andere zu verstehen" (Hagehülsmann 2007, S. 94). Feedback unter Kollegen bedeutet, eine objektive Rückmeldung aufgrund gezielter Beobachtungen in bestimmten Bereichen des Arbeitsfeldes zu geben. Die Rückmeldung bzw. an das Feedback geknüpfte Tipps und Lösungsansätze sollen die Weiterentwicklung der jeweiligen Kollegin bestärken. Auch Feedback erfolgt auf der **sachlichen Ebene** (→ Frage 32), lediglich wenn ein Bezug zu Fähigkeiten und Stärken der Kollegin hergestellt wird, erfolgt auch ein Austausch auf emotionaler Ebene.

Diese Form der Reflexion verliert ihren vermeintlichen „Schrecken", wenn regelmäßiges Feedback im geschützten Rahmen und mit klaren Regeln gegeben wird. Die Gelegenheit zur Rückmeldung an eine Kollegin ist ebenso feinfühlig zu nutzen, wie das bei Kritik der Fall sein sollte. Feedback findet entweder regelmäßig als Team-Ritual oder auf Wunsch eines Teammitglieds statt: „Ich habe in letzter Zeit Schwierigkeiten, die Vorschulkinder in meiner Arbeitsgruppe zu motivieren. Könnte ich hier bitte Feedback bekommen?"

Ebenso wie bei der **fairen Kritik** (→ Frage 36) gilt auch beim Feedback, dass die Rückmeldung sachlich und als ICH-Botschaft gesendet wird: „Ich habe bemerkt (ICH-Botschaft), dass du in der Vorschularbeit sehr lange mit einem Kind arbeitest (Sachebene) und die anderen Kinder dadurch unruhig werden."

Beim Äußern des Feedbacks sollten sich Kritikpunkte und positive Rückmeldung mindestens die Waage halten. Empfehlenswert ist eine Eins-zu-Eins-Rückmeldung, also jeweils ein Kritikpunkt und eine positive Rückmeldung, da der Feedback-Empfänger sonst überfordert sein könnte.

Wie ein Feedback konkret abläuft, hängt davon ab, ob es innerhalb des gesamten Teams oder im kleinen Kollegenkreis stattfindet. Bei vielen Teilnehmern ist es sinnvoll, dass sich zwei Kollegen Feedback geben und dies immer wieder wechselt. So wird das Feedback objektiver und vielfältiger. Zusammenfassend sollte man sich somit an folgende Punkte halten:

- Das Feedback wird vom Feedback-Sender als *sachliche* und *klare ICH-Botschaft* gesendet.
- Der Feedback-Empfänger *stellt Fragen* zu den Beobachtungen und der Botschaft.
- Der Feedback-Sender stellt die Frage, ob der Empfänger *selbst eine Lösung* für die angesprochene Situation hat oder ob er *Tipps von den Kollegen* möchte.
- Ein *Lösungsweg* wird gesucht und ein *Überprüfungs-* bzw. *ein erneutes* Feedback-Datum (→ Frage 41) festgelegt.

Feedback unter Kollegen stellt eine Chance zur fachlichen und persönlichen Weiterentwicklung der Fähigkeiten dar. Unter Kollegen ist es hilfreich, Wünsche bezüglich des Bereiches in dem Feedback gegeben werden soll, zu äußern. Durch diesen Wunsch macht sich derjenige, der Rückmeldung erhalten möchte, Gedanken zu diesem Bereich, hat meist schon ein Problem erkannt und ist zur Hilfestellung und Lösungserarbeitung bereit.

38 Wodurch wird eine Teamsitzung effektiv?

Eine effektive Teamsitzung wird mit einem *Ergebnis* beendet, das für die Teilnehmer nachvollziehbar und machbar ist. Im Idealfall hat jeder Einzelne mit seinen Fähigkeiten hierzu beigetragen und möchte sich an einer etwaigen Umsetzung aktiv beteiligen. Aus einer effektiven Teamsitzung gehen alle Beteiligten mit neuem *Wissen*, das sie positiv in ihrer zukünftigen Arbeit unterstützt. In der Praxis haben sich folgende Faktoren etabliert, die zu einer gelungenen Teamsitzung beitragen:

Agenda: Zur Vorbereitung auf die Teamsitzung empfiehlt sich der Aushang einer Agenda im Personalzimmer, in die die Mitarbeiter ihre Themen eintragen können. Diese Agenda kann in der Teamsitzung auch als Protokoll genutzt werden, indem unter den jeweiligen Besprechungspunkten das Ergebnis eingetragen wird. Somit sind diese für alle sichtbar und gelten als verbindlich. Kommt das Team bei einem Besprechungspunkt zu keinem Ergebnis, so wird ein neues Datum eingetragen, an dem dieser Punkt diskutiert wird. Nach Abschluss der Sitzung wird dieses Protokoll abgeheftet, sodass die Beteiligten jederzeit die Ergebnisse nochmal einsehen können. Es ist für die Effektivität der Sitzung hilfreich, wenn die einzelnen Besprechungspunkte während der Sitzung nochmal auf eine große Tafel für alle sichtbar aufgeschrieben werden. So haben alle den Überblick und der Ablauf ist für alle Teammitglieder klar.

Aufgabenverteilung (→ Frage 7): Die Moderation übernimmt meistens die Kita-Leitung bzw. deren Stellvertreterin, ein „Zeitplaner" behält die Besprechungszeit und die vorgesehene Zeit für die einzelnen Punkte im Blick und eine Protokollantin hält das Ergebnis der Besprechungspunkte schriftlich fest.

Teamsitzungsregeln: Das Einhalten der Gesprächsregeln (→ Frage 33), der Respekt vor der Meinung anderer sowie die Vorbereitung und aktive Mitarbeit jedes Einzelnen schaffen ein kollegiales Miteinander (→ Frage 15) sowie ein gutes Sitzungsklima.

Aktivität: Eine Teamsitzung kann nur dann erfolgreich sein, wenn sich die einzelnen Teilnehmer auch aktiv einbringen. Dies setzt ein wertschätzendes Miteinander, klare Anweisungen der Teamleitung und eine motivierte Arbeitshaltung des Einzelnen voraus.

Rituale: Die gewünschte Aktivität der Teammitglieder kann unter anderem durch Rituale gewährleistet bzw. unterstützt werden. Eine Feedbackrunde am Anfang oder eine Abschlussrunde mit dem „Gedanken des Tages" fördert das Mitdenken und die aktive Beteiligung jedes Teammitglieds.

Kommunikation: Letztendlich lebt eine Teamsitzung durch die Kommunikation der Teilnehmer untereinander. Alle Themen dürfen und sollen angesprochen werden. In einer gemeinsamen Diskussion wird gemeinsam nach Lösungen für aktuelle Probleme gesucht. Klare Aussagen, Zeit für Nachfragen, die Diskussion und eine Gedankensammlung sowie eine Moderatorin, die Ergebnisse zusammenfasst, sind hierfür essenziell. Auf diese Weise können die vorbereiteten Themen effektiv bearbeitet werden.

Eine Teamsitzung ist somit ein Forum für aktuelle Anliegen, Rückmeldungen und gemeinsamen Austausch für das gesamte Team. Eine effektive Teamsitzung zeichnet sich schließlich dadurch aus, dass die Mitglieder motiviert und gestärkt aus ihr hervorgehen.

Ich schätze dich! –

39. Wodurch entstehen Konflikte im Team?

In der öffentlichen Wahrnehmung sind Konflikte eher negativ behaftet, denn etwas läuft nicht rund und muss daher geklärt werden. Und das kostet Energie. Doch Konflikte stehen, betrachtet man sie genauer, vielmehr für eine chancenreiche Situation, da die Beteiligten sich mit Meinungen, Gedanken, Fähigkeiten und Themen auseinandersetzen müssen, um den Konflikt zu lösen. Deshalb sollte er zunächst als etwas Positives betrachtet werden, denn die Auseinandersetzung mit ihm und sich selbst bietet die Chance zur persönlichen Weiterentwicklung.

Als Konflikt wird im Allgemeinen eine entstandene *Uneinigkeit* zwischen Parteien beschrieben, die auf drei Kommunikationsebenen vorherrscht:

- *Emotionale Ebene: Gefühle*, die mit Inhalten oder den beteiligten Personen des Konflikts einhergehen.
- *Beziehungsebene:* Sie betrifft die Auseinandersetzung mit der *zwischenmenschlichen Beziehung* der beteiligten Personen.
- *Sachliche Ebene:* Unterschiedliche Vorstellungen von Inhalten, Aktivitäten und Meinungen zu einem bestimmten Themenbereich.

Eine Unstimmigkeit auf nur einer dieser Ebenen muss noch nicht zwangsläufig zu einem Konflikt führen. Jedoch ist es umgekehrt unumgänglich, die Lösung und Klärung des Konflikts (→ Frage 41) auf allen drei Ebenen zu erreichen.

Haben zwei Kollegen auf der sachlichen Ebene eine Meinungsverschiedenheit, so muss daraus nicht zwangsläufig ein Konflikt resultieren. In erster Linie haben in einem solchen Fall zwei unterschiedliche Menschen zwei unterschiedliche (sachliche) Meinungen. Die Kollegen können trotzdem oder gerade deswegen weiterhin gut zusammen arbeiten (gerade unterschiedliche Aspekte können gegenseitig sehr befruchtend sein).

Konflikte in Teams entstehen aufgrund verschiedenster Ursachen. Als häufigste Indikatoren für Konflikte gelten:

Veränderungen: Finden Veränderungen (→ Frage 9, 19) in der Einrichtung statt, ändert sich zunächst eine gewohnte Struktur (bzw. gewohnte Abläufe) und dies kann Verunsicherungen bei den Teammitgliedern auslösen. Es dauert immer eine gewisse Zeit, bis die neuen Abläufe zu Gewohnheiten geworden sind und verinnerlicht wurden. In dieser Zeitspanne können Konflikte entstehen, da beispielsweise Zuständigkeiten nicht vollends geklärt sind oder ein neues Projekt anders als beabsichtigt verläuft. Wenn sich im Zuge einer Umstrukturierung die Rollen (→ Frage 6) der Teammitglieder ändern, birgt dies besonderes Konfliktpotenzial. Hat sich beispielsweise eine Kollegin fachlich weiterentwickelt (Sachebene), so kann diese Veränderung zu Konflikten mit ihren Kollegen (Beziehungsebene) führen. Gleichzeitig gehen aber auch bestimmte Gefühle der Unsicherheit mit dieser Situation einher (emotionale Ebene), da diese für alle Beteiligten neu ist. Der daraus resultierende Konflikt muss somit auf allen drei Ebenen gelöst werden.

Wahrnehmung: Nehmen zwei Menschen eine Situation unterschiedlich wahr, verknüpfen sie mit ihr auch unterschiedliche Erwartungen bzw. Meinungen (z. B. unterschiedliche Prioritäten oder unterschiedliche Handlungen, die in der Situation als angemessen bewertet werden). Können diese unterschiedlichen Erwartungen (aufgrund der unterschiedlichen Wahrnehmung) nicht erfüllt werden, münden sie in einen Konflikt.

Missverständnisse: Sie entstehen durch unterschiedliche Wahrnehmung oder einen unterschiedlichen Informationsstand in der Kommunikation. Um einem Missverständnis vorzugreifen, ist aktives Nachfragen (→ Frage 33) und Klären der Sachlage mit dem Gesprächspartner hilfreich. Hier gilt die Devise: Lieber einmal zu viel als einmal zu wenig nachgefragt.

Abgrenzung: Findet innerhalb des Teams von welcher Seite auch immer eine Abgrenzung (→ Frage 17) statt, beispielsweise aufgrund eines Missverständnisses, führt dies zur negativen Verfestigung einer Meinung und somit zu einem Konflikt. Hier ist es hilfreich, die Kollegin durch aktives Fragen und Zuhören aus ihrem „Rückzugsort" herauszuholen und für die Konfliktklärung zu motivieren.

Bewertungen: Es kann in der Interaktion passieren, dass einer der Gesprächspartner seine Gefühle verletzt sieht, sich ungerecht behandelt oder angegriffen fühlt. Dies geschieht, wenn Aussagen nicht hinterfragt oder ausreichend geklärt werden. Präventiv gilt es, eine Aussage, die provokativ oder missverständlich geäußert wird, selbst zu hinterfragen („Wie meinen Sie das?") und den anderen damit zum Nachdenken bzw. Überdenken seiner Äußerung anzuregen.

Ungenauigkeiten: Wenn die Aufteilung und Zuweisung der Arbeitsaufgaben nicht eindeutig bzw. ungenau erfolgte, bringt dies oftmals Unsicherheiten und eine Überschneidung der Kompetenzbereiche der Kollegen mit sich. Somit sind Konflikte und Auseinandersetzungen gewissermaßen vorprogrammiert. Die eindeutige Definition und Zuweisung der Aufgabenbereiche (→ Frage 7) innerhalb des Teams beugt unnötigen Konflikten vor.

Je stabiler die Beziehungen (→ Frage 15) innerhalb des Teams sind, desto größer sind auch die Chancen, die aus einer Konfliktklärung hervor gehen. Jeder Einzelne wächst an der Auseinandersetzung – vorausgesetzt positive Konfliktbewältigungsstrategien werden in der sachlichen, emotionalen und Beziehungs-Ebene erkannt und angewandt.

40 Was wirkt in Konfliktsituationen positiv?

Steht ein Konflikt im Raum, so ist es für die unmittelbar Beteiligten sowie das Umfeld, welches meistens die Auswirkungen des Konflikts spürt, nicht immer einfach, sich auf die eigentliche (pädagogische) Arbeit zu konzentrieren. Oftmals lässt sich nicht einschätzen, welche Auswirkungen und Ausmaße ein Konflikt hat, und dies erzeugt bei allen Unsicherheit.

Umso wichtiger ist es, dass die übrigen Teammitglieder (bzw. die Kita-Leitung) die in den Konflikt geratenen Kollegen dazu *motivieren*, diesen zu klären und eine Lösung zu finden. Es wirkt sich sehr positiv aus, wenn alle Beteiligten den Konflikt lösen wollen und hierfür auch bereit sind, Kompromisse einzugehen und die Meinungen der anderen Teammitglieder anzuhören.

Es empfiehlt sich darüber hinaus auf jeden Fall einen „Klärungshelfer" zur *Moderation der Konfliktsituation* zu benennen: „Der Klärungshelfer sollte sich jeder Form einer Bewertung oder auch nur einer wertenden Stellungnahme oder einer inhaltlichen Unterstützung Einzelner enthalten. Er würde dann seine Rolle als Klärungshelfer verlassen und die Rolle eines Schlichters oder sogar eines Richters einnehmen" (Herzlieb 2012, S. 121).

Ist es nicht möglich, den Konflikt zeitnah zu klären, sollte die *Aufmerksamkeit auf (neutrale) Aufgaben*, Projekte und Personen gelenkt werden, die vom Konflikt nicht direkt betroffen sind. Dies hat den Vorteil für die Betroffenen, dass sie auch mal eine „Auszeit" vom Konflikt nehmen können, indem sie in anderen Aufgabenbereichen oder mit anderen Kollegen Kraft und Energie sammeln können. Auch sollten sie sich während eines längeren Konflikts mit der Frage beschäftigen, was in der Kita-Arbeit zählt, und evtl.

Begegnungen im Team

ihre *Prioritäten neu definieren*. Gerade in verfahrenen Konfliktsituationen nimmt der Konflikt oftmals eine so große Bedeutung ein, dass die eigentliche Prioritäten (wie eine gute pädagogische Arbeit zu leisten oder das Wohl des Kindes in den Mittelpunkt zu stellen) nur noch bedingt wahrgenommen werden. Hier gilt es durch Neudefinition der Prioritäten wieder ein Gleichgewicht zu schaffen.

Ganz wichtig ist es, die Teamkultur (→ Frage 25) auch bzw. gerade im Konfliktfall beizubehalten. Der Vorteil einer gut erarbeiteten Teamkultur ist, dass die Teammitglieder auf die dort festgeschriebenen Werte, Gesprächsregeln und Teamdefinitionen zurückgreifen können. Es ist dabei nicht ausgeschlossen, dass sie durch den Konfliktfall überarbeitet, erweitert und neu definiert wird. Auch sind bisherige Teamrituale und -strukturen enorm wichtig. Sie geben in den aufregenden Zeiten Halt und Sicherheit und signalisieren trotz so manch schwieriger Situation noch eine Teamverbundenheit (→ Frage 26).

Meinungen, Thematiken und Gedankengänge sichtbar zu machen, gehört ebenso zu den Strategien, die bei Konflikten deeskalierend wirken. Sie können beispielsweise in einem Projektbuch aufgeschrieben werden. Dieses wird in einem geschützten Raum aufbewahrt, zu dem Teammitglieder auch außerhalb der offiziellen Klärungsgespräche (→ Frage 41) Zugang haben. Unter den Rubriken „Was mir dazu noch einfällt" oder „Das finde ich gerade schwierig" kann eine Plattform geschaffen werden, auf der die Teammitglieder stets eine Möglichkeit zur Rückmeldung oder zum Dampfablassen haben.

Sind alle Mitarbeiter sowie die Leitung (→ Frage 44) in einen Konflikt eingebunden, so empfiehlt es sich, externe Hilfe in Form von Beratern, Coaches, Supervisoren oder Beratungsstellen einzuholen, die objektiv und unvoreingenommen dem Team mit Rat und Tat zur Seite stehen und auch der Schweigepflicht unterliegen. Allerdings sollte die Mehrheit des Teams für diese externe Hilfe sein, da alle Teammitglieder aktiv bei einem Klärungsprozess mitarbeiten müssen.

Ich schätze dich! –

41 Wie können Konfliktlösungen im Team erarbeitet werden?

Konfliktmanagement bedeutet eine *strukturierte* und *lösungsorientierte* Auseinandersetzung mit dem Konflikt. Die Aufgabe eines **Klärungshelfers** (→ Frage 40) bzw. der Moderation kann die Kita-Leitung übernehmen, vorausgesetzt sie ist nicht in den Konflikt involviert. Ist die Leitung selbst emotional oder fachlich beteiligt und nicht in der Lage objektiv zu bleiben, so wird die Moderatorenrolle einem unbeteiligten Teammitglied oder einer externen Person übertragen, die der Schweigepflicht unterliegt.

Folgende sieben Schritte sollten chronologisch mit den Konfliktparteien durchgegangen werden, um den Konflikt zu lösen:

Definieren des Konflikts: Dies umfasst das Beschreiben der *Inhalte* und die Befragung aller beteiligten Personen: „Wer ist vom Konflikt betroffen? Wodurch wurde der Konflikt ausgelöst? Handelt es sich definitiv um einen Konflikt oder um eine die sachliche Ebene betreffende **Meinungsverschiedenheit** (→ Frage 39)?"

Anhören der beteiligten Personen: Jede der beteiligten Personen muss die Möglichkeit haben, *ihre jeweilige Sichtweise* auf den Konflikt zu schildern: „Welche Meinungen, Vorstellungen und Erwartungen stecken in dem Konflikt? Wie kam es zu dem Konflikt?" Die Moderatorin fragt solange bei den Beteiligten nach, bis sie Klarheit über die Inhalte und Beweggründe des Konflikts hat.

Aufzeigen des Konflikts: Der Konflikt wird nun *sichtbar gemacht*, d. h. er wird von der Moderatorin grafisch und für alle Beteiligten sichtbar dargestellt. So wird seine Komplexität veranschaulicht und der Konflikt greifbarer und deutlich.

Erarbeiten von Lösungsmöglichkeiten: Zunächst wird durch die beteiligten Personen eine schriftliche, *unkommentierte Gedankensammlung* darüber angefertigt, wie sie sich mit den Inhalten auseinandergesetzt haben und welche Lösungen sie sich vorstellen können. Dabei stellt die Moderatorin Fragen: „Was wäre in diesem Fall machbar? Welche Lösungen wären vorstellbar? Wie würde dies konkret aussehen?" Sie kann dabei die verschiedenen Parteien animieren, durch die Brille der jeweils anderen Partei zu sehen und somit eine Perspektivenübernahme zu vollziehen, die sie unterstützend begleitet: „Tauschen Sie die Sitzplätze und setzen Sie sich bitte auf einen Stuhl der anderen Partei. Welche Sichtweise haben Sie hier auf die Auseinandersetzung?" Auch diese Aussagen werden unkommentiert und schriftlich festgehalten.

Definieren von Lösungsmöglichkeiten: Aus der schriftlichen Gedankensammlung werden nun konkrete Lösungen bzw. Ziele (→ Frage 49) erarbeitet. Die Moderatorin wirkt auch hier unterstützend: „Ist die Lösung für alle machbar? Welche Vorteile hat sie? Wie soll sie konkret umgesetzt werden? Wer hat welche Aufgaben? Welches Ziel verfolgen wir mit der Lösung?" Sehr wichtig ist ein Zeitrahmen, der für die Ausführung der Lösung festgelegt wird: „Wann treffen wir uns wieder und sehen, ob die Lösung funktioniert?" Auch das wird konkret und schriftlich für alle Beteiligten festgehalten.

Überprüfen der Lösung: Eine Überprüfung der Lösung erfolgt zum vereinbarten Termin, an dem ihre Effektivität und Machbarkeit geklärt wird. Auch werden die beiden Parteien dazu befragt, wie zufrieden sie bisher mit ihr waren. Eine *neue Lösung* sollte formuliert werden, wenn sie Schwierigkeiten mit der bisherigen Strategie hatten. Es wird wieder ein konkreter Zeitrahmen festgelegt, in dem die Lösung erprobt werden soll.

Reflektieren des Konfliktlösungsprozesses: Nachdem eine Lösung gefunden wurde, hinter der alle Beteiligten stehen und die für alle realisierbar ist, *reflektiert* die Moderatorin den Konfliktlösungsprozess zunächst mit den Beteiligten: „Welche Fähigkeiten konnten in den Lösungsprozess mit eingebracht werden? Welche Chancen bietet nun die Lösung?" Auch kann die Moderatorin ihre eigene Leistung innerhalb des Lösungsprozesses reflektieren: „Wann fühlte sie sich als Klärungshelfer (→ Frage 40) sicher in ihrem Handeln? Welche Kompetenzen setzte sie ein? Was lief effektiv? Welche Verbesserungsmöglichkeiten gibt es?"

Vor dem Hintergrund der Ausmaße (→ Frage 17), die Konflikte im Team erreichen können, empfiehlt sich in konfliktfreien Phasen die regelmäßige Durchführung von Teamübungen zur Konfliktlösung (→ Frage 53). Die Teammitglieder haben auf diese Weise die Möglichkeit, sich in Ruhe und in einem geschützten Rahmen professionell mit unterschiedlichen Meinungen, Wahrnehmungen und Bewertungen eines Sachverhaltes auseinanderzusetzen.

Ich schätze dich! –

Wie findet das Team nach Konflikten wieder in den Arbeitsalltag?

Ein Konflikt ist geklärt, seine Lösungen (→ Frage 41) sind überprüft und somit kann der normale Arbeitsalltag weiter gehen. Nach einer Reflexionseinheit im Team, in der geklärt wird, mit welchen Ressourcen und Strategien dieser Konflikt bewältigt wurde und wie der Einzelne von der Lösung profitiert, ist es wichtig, die Sicherheit und die Vertrauensbasis im Team wieder herzustellen.

Dies gelingt besonders gut durch Gespräche mit den einzelnen Teammitgliedern sowie durch *Rituale*, die als positiv wahrgenommen werden. Alle Teammitglieder werden gemäß ihrer individuellen Fähigkeiten in die Durchführung eines Rituals einbezogen. Vorstellbar sind hier z. B. musikalische oder gestalterische Einheiten in einer Teamsitzung, entspannende Geschichten vor einer Besprechung oder ein guter Wunsch am Wochenanfang für die Kollegen. Diese Rituale sollten ohne Übertreibung und „Gute-Laune-Verpflichtung" authentisch im Team überlegt und durchgeführt werden.

Des Weiteren wird regelmäßig und nach jedem Klärungsprozess die Teamkultur (→ Frage 25) überarbeitet und weiterentwickelt:

- Passen die Prioritätenverteilung und Wertevorstellungen (→ Frage 24) noch zu unserer Teamsituation?
- Wie definieren wir momentan Teamfähigkeit (→ Frage 13)?
- Welche Qualitäten (→ Frage 23) brauchen wir als Team, um den Bedürfnissen unserer Zielgruppen und den Anforderungen des Kita-Alltags gerecht zu werden?
- Welche Ressourcen haben wir als Team? Wie können wir uns gegenseitig unterstützen (→ Frage 21)?
- Wo stehen wir gerade als Team und was sind machbare Ziele (→ Frage 49) für uns?

Auch eine Grafik kann helfen, diesen Teamprozess sichtbar zu machen: „Welches Symbol passt zu unserem Team und wie kann es weiterentwickelt werden?" Ein sichtbares Zeichen als Symbol für die Weiterentwicklung von Ressourcen im Team kann bei weiteren Klärungsprozessen helfen. Außerdem kann es dazu beitragen, den Zusammenhalt (→ Frage 27, 28) nach innen sowie außen zu demonstrieren und damit zu stärken.

Fragen und Antworten zu:

Trainerin der Mannschaft – Teamleitung

Trainerin der Mannschaft –

43 Wer führt ein Team?

Die Kita-Leitung und „ihr" Team sind wichtige Komponenten, die für eine gelingende und qualitativ hochwertige Kita-Arbeit verantwortlich sind. Die Leitung führt und motiviert (→ Frage 48) ein Team und behält vor allem den Überblick. Sie braucht nicht in alle Ereignisse zwischen Kollegen einen Einblick zu haben, jedoch sollte sie den Überblick über dynamische Entwicklungen behalten, da diese das Team und die Motivation der Einzelnen beeinflussen.

Die *stellvertretende Leitung* fungiert in Teamangelegenheiten meist als Vermittlerin zwischen dem jeweiligen Team und Leitung. Als gute Zuhörerin kennt sie sowohl die Belange der Mitarbeiter wie auch die Anforderungen der Leitung.

Die Leitung (→ Frage 44) eines Teams zu haben, ist eine komplexe Aufgabe, egal wie viele Mitarbeiter (→ Frage 45) darin arbeiten. In kleinen Teams sind die Kollegen ebenso (wenn nicht sogar noch mehr) aufeinander angewiesen wie in Teams mit vielen Mitgliedern. Ein Team ist eine Mannschaft, die für das gleiche Ziel arbeitet und in der jeder seine Funktion und Position hat. Diese Mannschaft zu leiten und das Potenzial der Einzelnen zu erkennen, zuzulassen und zu nutzen, sodass ein gutes Betriebsklima herrscht und eine optimale Arbeit in der Kita geleistet werden kann, sind die Aufgaben der Teamleitung.

44 Welche Leitung braucht ein Team?

Die Qualität einer Einrichtung wird maßgeblich von den Personen gestaltet, die darin arbeiten und agieren. Im besten Fall sind Mitarbeiter motiviert, teamfähig und arbeiten mit Herz und Verstand – als Profis eben. Eine Einrichtungsleitung hat immer ein gewisses Maß an Einfluss auf das Verhalten ihrer Mitarbeiter. Durch Vorbildfunktion, Präsenz und klare Strukturen, steuert sie das Verhalten der einzelnen Teammitglieder ebenso wie die Dynamik des Teamprozesses.

Die Leitung behält den Überblick, sodass sie Fairness und Professionalität ermöglicht, Fähigkeiten unterstützt und Ressourcen erkennen lässt. Auch benötigt sie als Basiskompetenz die Fähigkeit zur **Selbstreflexion** (→ Frage 14), um eigene Erwartungen und Fähigkeiten sowie Anforderungen von anderen abwägen und umsetzen zu können. Zusammenfassend sind die Basiskompetenzen einer Kita-Leitung somit:

- *Sicheres Auftreten:* Zuverlässigkeit im Handeln sowie das Vermitteln von Fachwissen und Kompetenz sind die Qualitäten, die von einer Leitung erwartet werden. Eine Leitung muss kein wandelndes Fachlexikon sein, aber sie sollte wissen, wo Informationen und fachliche Hilfe zu finden sind. Durch Reflexion kennt sie ihre Kompetenzbereiche, die sie souverän agieren lassen.
- **Kommunikation** (→ Frage 32, 47): Durch klare Kommunikation – verständliche Aussagen, Nachfragen, ICH-Botschaften und faire Rückmeldungen – werden Mitarbeiter zu verantwortungsvollem und reflektieren Handeln motiviert.
- *Vorbildverhalten:* Die in der Einrichtung und im Team gewünschten **Werte** (→ Frage 24) müssen von der Leitung vorgelebt werden. Denn Werte, die von Mitarbeitern weitergegeben werden sollen, müssen auch selbst von diesen erfahren werden. Dies gelingt beispielsweise, wenn die Leitung im Team Präsenz zeigt, auf ihre Mitarbeiter zugeht, Interesse signalisiert und sie bei ihren Anliegen unterstützt. Wird den Mitarbeitern ein solches Verhalten „vorgelebt", ist die Wahrscheinlichkeit auch sehr viel größer, dass sie selbst ein solches an den Tag legen.

Die Erwartungen an die Leitung sind durch die bisherigen persönlichen Erfahrungen der einzelnen Mitarbeiter geprägt. Sie sollten daher im Einzelgespräch zwischen dem jeweiligen Mitarbeiter und der Leitung erfragt und geklärt werden. Anschließend gilt es, diese Erwartungen und deren Umsetzung im Abgleich mit den Werten und Zielvorstellungen der Leitung zu überprüfen.

Die Kunst für die Kita-Leitung besteht somit darin, die eigenen Erwartungen im Leitungsstil zu leben und dabei die Erwartungen von Mitarbeitern aufzugreifen, um diese in Einklang mit den Werten der Einrichtung zu bringen.

Trainerin der Mannschaft –

45 Worin liegt der Unterschied zwischen Mitarbeitern und Kollegen?

Ob die *Leitung* zum Teil des Kita-Teams (→ Frage 2) gehört bzw. inwiefern sie sich zu diesem als Mitglied zugehörig definiert, ist ihr überlassen. Folgende Aspekte sollten dabei berücksichtigt werden:

Kollegen arbeiten auf der gleichen Ebene in ähnlichen Aufgabenfeldern, z. B. Teammitglieder untereinander oder andere Kita-Leitungen. Der informative, beratende Austausch unter Kollegen kann als kollegiale Beratung stattfinden.

Mitarbeiter arbeiten auf einer anderen Ebene und haben andere Aufgabenfelder als die Leitung. Die Leitung trägt Verantwortung für ihre Mitarbeiter. Das Team einer Kita besteht aus Mitarbeitern, die von der Leitung unterstützt und angeleitet werden. Auch eine Leitung ist ein Mitarbeiter, z. B. in der Relation zum Träger oder zu weiteren Vorgesetzten.

Die Leitung trägt die Verantwortung für ihre Mitarbeiter und ist in bestimmten Bereichen an deren Entwicklung in der Einrichtung beteiligt. Nur aus *objektiver Distanz* erkennt sie Entwicklungsprozesse und Konfliktsituationen sowie auch Stärken und Ressourcen der Mitarbeiter. Sobald sie sich gefühlsmäßig auf einer Ebene mit dem Mitarbeiter sieht, läuft sie Gefahr, die Situation weniger objektiv zu sehen und subjektiv zu agieren, z. B. aus einer Gefühlslage heraus. Die Effektivität des Auflösens einer Herausforderung (→ Frage 10) ist dann meist geringer, da Situationen einseitig und nur aus einer Perspektive betrachtet werden.

Gleichzeitig ist als Leitung aber auch die *Nähe zum Team* wichtig, sodass eine professionelle, stabile Beziehung zu den Mitarbeitern aufgebaut werden kann. Auch ein „sich unters Team Mischen" ist in manchen Situationen angebracht. Um eine Situation oder die Bedürfnisse der Mitarbeiter zu verstehen, macht es auch Sinn, die Perspektive zu wechseln. Beispielsweise können nach vorheriger Absprache in der Teamsitzung die Plätze der Leitung und eines Mitarbeiters getauscht werden. Sie gewinnt im wahrsten Sinne eine neue Perspektive, wenn sie die Sitzung vom „Mitarbeiterstuhl" aus betrachtet.

Mitarbeiter zu leiten, sie kompetent und zuverlässig zu führen, bedeutet somit, eine individuell definierte Nähe und Distanz zu jedem Einzelnen auszuloten, sodass aus einer objektiven Perspektive Unterstützung (→ Frage 21), aber auch Empathie (→ Frage 14) möglich ist.

46 Wie können Mitarbeiter Verantwortung für die Einrichtung übernehmen?

Die Verantwortung der gesamten Einrichtung liegt prinzipiell bei der Kita-Leitung (→ Frage 43, 44): Ihr obliegt die Verantwortung zum Wohle der Kinder. Auf der Suche nach Antworten auf Fragen von Mitarbeitern, Eltern und Kindern trägt die Leiterin die Gesamtverantwortung. Jedoch trägt auch jeder mündige Mitarbeiter (→ Frage 45) mindestens für bestimmte Teilbereiche und für das ihm übertragene Aufgabenspektrum die Verantwortung.

Der erste Schritt ist zunächst die Überlegung, in welchem Rahmen die einzelnen Mitarbeiter Verantwortung übernehmen und in welchen Bereichen sie somit mitbestimmen sollen: „Für welche Aufgabengebiete ist der Mitarbeiter *vertraglich verpflichtet* und trägt die Verantwortung? In welchen Bereichen haben die Mitarbeiter die *Kompetenz, selbst zu entscheiden*?"

Es gilt die Frage zu beantworten, wodurch diese Verantwortung den Mitarbeitern bewusst gemacht werden kann. Der Begriff „Ver-antwort-ung" birgt „Antwort" in seiner Mitte und so kann dies auch den Mitarbeitern verständlich gemacht und kommuniziert werden. Auf der Suche nach Antworten auf eine konkrete Frage im Kita-Alltag sollten sich Mitarbeiter somit selbst ins Denken begeben.

Die sog. W-Fragen helfen, die Aktivität des Denkens und der Verantwortungsübernahme anzuregen: „*Wie* könnten Sie das lösen? *Welche* Unterstützung brauchen Sie, um hierfür die Verantwortung zu übernehmen? *Wann* konkret hat sich das ereignet? *Was* würde Ihnen zur Lösung der Situation helfen? *Welche* Ideen haben Sie für diese Situation?"

Allerdings sollte man von Suggestivfragen absehen. Hiermit sind Fragen gemeint, bei denen bereits klare Lösungen vorgegeben sind und somit keine Entscheidungsfreiheit mehr möglich ist.

Zentral ist, dass die Impulsfragen, die von der Leitung gestellt werden, als Hilfestellung bei der Suche nach einer Antwort bzw. einer Lösung dienen.

Durch die aktive Auseinandersetzung mit der Frage bzw. dem Thema und dem Finden von Lösungen übernehmen die Mitarbeiter Verantwortung.

Durch das aktive Fragen werden aus passiven „Lösungs-Erwartern", die Verantwortung abgeben, indem sie sich eine Antwort aus dem Leitungsmund erhoffen, aktive Mitdenker und verantwortungsvolle Mitarbeiter.

47 Wie funktioniert Kommunikation mit Mitarbeitern?

Die Interaktion mit Mitarbeitern (→ Frage 45) erfordert zunächst eine wertfreie, umfassende Beobachtung, um den Einzelnen einschätzen und sein Verhalten im spezifischen Kontext beurteilen zu können. So reagiert beispielsweise ein Mitarbeiter in einer Konfliktsituation mit Kindern kompetent und lösungsorientiert, während er in einer ähnlichen Konfliktsituation mit Teamkollegen unsicher und wenig kompromissbereit agiert. Diese Beobachtungen sind notwendig, um Zusammenhänge zu verstehen und im Gespräch Ressourcen oder Lösungen zu erarbeiten. Für diese Form des Voranbringens und Leitens braucht es jeweils Zeit für den einzelnen Mitarbeiter. In der Interaktion zwischen Leitung und Mitarbeitern gibt es planbare und spontane Kommunikation. Beide Formen haben ihre spezifischen Vorteile, wenn es darum geht, Informationen über seine Mitarbeiter zu erlangen. Zunächst werden die wichtigsten Formen der planbaren Kommunikation vorgestellt:

Mitarbeitergespräche: Mitarbeitergespräche haben zum Ziel, die Mitarbeiter in aktuellen Angelegenheiten zu unterstützen, ihnen Weiterentwicklungspotenzial aufzuzeigen sowie sie dadurch letztendlich auch zu motivieren. Für diesen Zweck werden derzeitige Aufgaben und Erwartungen geklärt sowie Möglichkeiten erläutert, wie sie ihre Handlungsstrategien erweitern bzw. optimieren können. Da dies doch einiges an Information ist, die in solch einem Gespräch ausgetauscht wird, empfiehlt es sich, einen Fragenkatalog zu erstellen, den sowohl der Mitarbeiter als auch die Leitung zur Vorbereitung ausfüllen.

Zielvereinbarungsgespräche: Ein Zielvereinbarungsgespräch kann Inhalt eines Mitarbeitergesprächs sein oder im Anschluss daran erfolgen. Auch hier steht die Motivation des Mitarbeiters, verbunden mit Perspektiven zur Weiterentwicklung, im Mittelpunkt des Gesprächs. Es geht dabei um konkret anstehende Projekte und Aufgaben, dem Mitarbeiter in der Zukunft übertragen werden sollen. Diese werden zusammen mit dem Mitarbeiter geplant bzw. diskutiert. Im Verlauf des Gesprächs werden mit dem Mitarbeiter zusammen betreffende Ziele festgelegt, die in Abgleich mit seinen Fähigkeiten auf Machbarkeit überprüft werden. Wie bei Teamprojekten auch, sollte ein genauer Plan mit klaren Inhalten und Zeitvorgaben erstellt werden – hier allerdings auf den jeweiligen Mitarbeiter zugeschnitten.

Gezielte Gespräche aufgrund eines konkreten Anlasses: Diese finden regelmäßig mit einem oder mehreren Mitarbeitern statt. Jeder Beteiligte bekommt zur Vorbereitung die Information, welche Inhalte besprochen werden. Gezielte Gespräche werden zur Informationsweitergabe genutzt, wenn nur bestimmte Mitarbeiter diese Gesprächsinhalte für ihr Aufgabenfeld benötigen. Diese Gesprächsform dient auch zur Klärung von Sachverhalten, zur Rückmeldung (→ Frage 37) und zur Entwicklung von Lösungsstrategien, allerdings eben nur mit den speziell betroffenen Mitarbeitern. Diese Gespräche bieten einen geschützten Rahmen, um sich mit der Leitung zu einem bestimmten Thema auszutauschen. Während des Gesprächs ist eine strukturierte Vorgehensweise hilfreich, indem zunächst der genaue Sachverhalt geschildert und erfragt wird. Dabei wird zwischen der subjektiven Wahrnehmung des Handelns und der wertfreien, sachlichen Beobachtung unterschieden. Im Laufe des Gesprächs werden Handlungs- und Lösungsstrategien erarbeitet, Unterstützungsmöglichkeiten definiert sowie ein machbarer Zeitplan zur Überprüfung der Handlungsstrategien festgelegt.

Teamsitzungen (→ Frage 38): Das Team trifft sich in regelmäßigen Abständen, um aktuelle Geschehnisse des Kita-Alltags unter fachlichen Gesichtspunkten zu diskutieren. Die Verantwortung bzw. Moderation übernimmt die Kita-Leitung. Hier wird beispielsweise über momentane Belange informiert, von denen zwar nicht unmittelbar jeder Mitarbeiter betroffen ist, deren Lösung bzw. Handhabung aber dennoch für alle interessant sein könnte. Des Weiteren sind die Teamprojekte (→ Frage 49) Gegenstand der Teamsitzungen: Neben ihrer Planung wird auch der aktuelle Stand, mögliche Probleme und die weitere Vorgehensweise diskutiert. Es sollte immer wieder durch Nachfragen sichergestellt werden, dass auch alle Teammitglieder die Informationen und wichtigen Punkte verstanden haben. Letztendlich tragen diese Teamsitzungen auch zur Motivation der einzelnen Mitarbeiter bei, denn sie erleben sich hier gemeinsam als Team, das nur durch die aktive Beteiligung der Einzelnen funktionieren kann. Diese aktive Beteiligung stellt die Kita-Leitung sicher, indem sie neben dem Nachfragen auch alle Teammitglieder in ihrer Gesprächsführung miteinbezieht.

Trainerin der Mannschaft –

Die übrigen **Kommunikationsformen** (→ Frage 30), wie der Small-Talk, Tür- und Angelgespräche oder E-Mails, ergeben sich spontan im Kita-Alltag.

Gerade der Dialog im *Small-Talk* ist wichtig für das Kennenlernen und Wertschätzen der Mitarbeiter. Scheinbar belanglose Themen, wie das Wetter oder allgemeine Ereignisse, werden kurz besprochen und geben dem Gegenüber das Gefühl ernstgenommen zu werden.

Tür- und Angelgespräche dienen dazu, Informationen weiterzugeben oder die „Atmosphäre einzufangen". Auch hier ist das Nachfragen unumgänglich, ob die Information verstanden wurde oder die Stimmung tatsächlich so ist, wie sie wahrgenommen wird. Wird bei einem Tür- und Angelgespräch ein komplexes Thema deutlich, so ist eine Verabredung zu einem geplanten (gezielten) Gespräch sinnvoll.

Für die schnelle Weitergabe von Informationen ist ein *Telefongespräch* einfach und praktikabel. Da die Gesprächspartner sich „nur" hörbar wahrnehmen, ist es aber auch hier, gerade bei komplexeren Themen, unumgänglich einen persönlichen Termin zu vereinbaren.

Jeden Tag werden Kitas von einer *Informationsflut via Internet* ereilt. Gegen die Weitergabe von Terminen oder Kurzinformationen per E-Mail spricht zunächst nichts. Vorsicht ist allerdings bei der Übermittlung von vertraulichen Informationen oder Daten sowie der Kommunikation mit Mitarbeitern in sozialen Netzwerken geboten, da der Inhalt von E-Mails unbeabsichtigt an Unbefugte gelangen kann.

Sowohl bei spontaner wie auch geplanter Kommunikation mit Mitarbeitern ist Präsenz der Leitung gefragt. Diese macht sich im aktiven Fragen und Zuhören wie auch im motivierenden Erarbeiten von Fähigkeiten, Unterstützungsmöglichkeiten und Handlungsstrategien bemerkbar. Regelmäßig geplante Gespräche mit effektiven Inhalts- und Zeitplänen leisten einen großen Beitrag zur Qualitätssicherung und -steigerung der Einrichtung.

48 Wodurch können Mitarbeiter motiviert werden?

Die Antwort zur Motivation beginnt mit einer Geschichte: „Ein Teamleiter beschwert sich bei seinem Coach über seine stets jammernde Mitarbeiterin. Dieser fragt ihn, ob es Ausnahmen gab, in denen er die Mitarbeiterin zufrieden und motiviert erlebte. Der Teamleiter bejaht und erläutert, dass diese Motivation aber nur von kurzer Dauer war. Der Coach fragt ihn daraufhin, ob er in dieser positiven Zeit etwas zur Mitarbeiterin gesagt hat. Dieser verneint. Der Coach bittet den Mann sich an seine einjährige Tochter zu erinnern. Er fragt ihn, wie er auf das Laufen lernen von ihr reagiere. Die Miene des Mannes erhellt sich und er antwortet: ‚Ich freue mich! Ich sage, toll, jetzt bist du schon fünf Schritte alleine gelaufen!' – ‚Und das spornt sie natürlich an.' Der Mann bejaht dies. ‚Verstehen Sie, genau das meine ich.' Jetzt ist bei dem Teamleiter der Groschen gefallen. ‚Ach so! Und Sie meinen, das hätte die Mitarbeiterin gebraucht, um länger durchzuhalten?' – ‚Genau das meine ich'" (Blau 2011, S. 228).

In dieser Geschichte wird deutlich, dass das Kind durch verbale Bestätigung und sichtbare Freude weiter motiviert wird, Laufen zu lernen. Hinzu kommt die positive Bestätigung des Vorbildes: Das Kind entwickelt Motivation, durch das Laufen seinem Vorbild (dem Vater) näher zu kommen und die gleichen Vorteile (z. B. sich schneller fortzubewegen, mehr entdecken zu können) zu haben. Genau diese Faktoren sind auch in der Mitarbeiter-Motivation relevant: authentisches Bestätigen eines positiven Verhaltens, Bestärkung bei einer positiven Entwicklung und schlussendlich eigenes Handeln als Vorbild.

Dies kann im Kita-Alltag durch eine klare und zuverlässige Teamführung erreicht werden, die für die Mitarbeiter nachvollziehbar ist. Zudem müssen *„innere Rahmenbedingungen"* für die Mitarbeiter geschaffen werden, die sich in einer klaren Aufgabenverteilung, einem gleichen Wissen für alle und machbaren Zielen (→ Frage 49) äußern. Die Präsenz der Leitung bei diesen Prozessen wirkt unterstützend und motivierend.

Aber auch *„äußere Rahmenbedingungen"* spielen bei der Frage nach der Mitarbeiter-Motivation eine große Rolle: Geregelte Arbeitszeiten, ein angenehmes Raumklima, qualitative Arbeitsmaterialien und die Wertschätzung des Trägers tragen dazu bei, motivierende Arbeitsbedingungen zu schaffen.

Letztendlich kommt es jedoch auf das Zusammenspiel der inneren und äußeren Rahmenbedingungen an, denn optimale Rahmenbedingungen garantieren keineswegs eine hohe Team-Motivation. Eine Teamkultur (→ Frage 25), in der individuelle Erfolge wahrgenommen und geschätzt werden, ist hierbei ein großer „Motivationsfaktor".

Der Nutzen motivierter Mitarbeiter für die Einrichtung liegt auf der Hand: Motivierte Mitarbeiter gehen engagiert an die Bewältigung täglicher Arbeitsaufgaben, bringen Fähigkeiten ein und leisten zuverlässige und gute Arbeit. All diese Faktoren tragen dazu bei, die Qualität der Einrichtung weiterzuentwickeln. Damit dies gelingen kann, muss die Teamleitung zum einen als Vorbild für angemessenes Verhalten und zum anderen als präsente Ansprechpartnerin auftreten. Mitarbeiter sollten bei Fragen oder Rückmeldungen mit der Leitung jederzeit oder nach Vereinbarung in Kontakt treten können. Das Wissen um diese unmittelbare Unterstützung ist ein ebenso großer Motivationsfaktor neben den hier aufgeführten Faktoren.

Fragen und Antworten zu:

In Bewegung bleiben – Teamziele

In Bewegung bleiben –

49 Wie können Ziele im Team erreicht werden?

Bevor sich das Team mit einer Zielerreichung vertraut macht, sollte die Art des Ziels geklärt sein, d. h. in welchem Bereich Veränderungen (→ Frage 9, 19) erzielt werden wollen: Geht es um ein Ziel im (pädagogischen) Bildungsbereich? Oder geht es um eine Neustrukturierung von administrativen und organisatorischen Belangen? Umfasst das Ziel den Bereich der Erziehungspartnerschaft mit Eltern? Nachdem der Zielbereich geklärt ist, werden die Personen identifiziert, die von dieser Veränderung betroffen sind und die somit in die Zielplanung einbezogen werden müssen.

Nehmen wir an, eine Kita setzt sich das Ziel, ihren Garten bzw. den Außenbereich neu zu gestalten. Dies wird deshalb notwendig, da eine neue Altersgruppe von ein- bis dreijährigen Kindern in die Kita aufgenommen wurde. Die pädagogischen Fachkräfte haben festgestellt, dass die Gerätschaften und Bereiche des Gartens den Bedürfnissen der Kinder (z. B. sich zu verstecken, zu klettern oder mit Wasser zu experimentieren) nicht gerecht werden. Bevor mit den konkreten Planungen für die Neugestaltung des Außenbereichs begonnen werden kann, müssen diese Informationen allen Teammitgliedern so dargestellt werden, dass das Team sie nachvollziehen kann. Auf diese Weise wird eine erste Akzeptanz für die Notwendigkeit dieses Projektes bei den Mitarbeitern geschaffen. In der Praxis hat sich folgendes weiteres Vorgehen bei der Projektplanung und -umsetzung bewährt (zur besseren Nachvollziehbarkeit wird das Beispiel des Gartenumbaus immer wieder aufgegriffen):

Ziel definieren und aufschreiben: Die *Ziel* sollte konkret und klar formuliert und für alle sichtbar aufgeschrieben werden. Dabei sollten die Zielgruppen und die jeweiligen Vorteile, die mit der Zielerreichung verbunden sind, berücksichtigt werden. In dem Gartenbeispiel könnte dies folgendes sein: Bis zum 30. September sollen drei neue Bereiche im Außengelände gestaltet werden – ein Bereich mit Sträuchern zum Verstecken, ein Kletterbereich für die unterschiedlichen Altersgruppen und ein Bereich für Wasserexperimente.

Zielerreichung prüfen: Das Ziel wird im Rahmen von Teamsitzungen (bzw. gezielten Mitarbeitergesprächen) laut vorgelesen und zusammen auf *Erreichbarkeit* überprüft. Es sollten hierbei auch die Fragen geklärt werden, ob es Bestand hat und die Veränderungen, die mit der Zielerreichung verbunden sind, dauerhaft beibehalten werden können. In dem Gartenprojekt wäre das Ziel beispielsweise erreicht, wenn ein selbstständiges Spielen mit Anregungen zum Experimentieren bei den Kindern beobachtet werden kann. Dies schafft wiederum jedoch auch neue Herausforderungen für die pädagogischen Fachkräfte, da diese das Experimentieren durch das Setzen von Impulsen anleiten sowie den Kindern einen bewussteren Umgang mit Naturmaterialien vorleben müssen.

Gedankensammlung: Im folgenden Schritt werden *Ideen* gesammelt, *wie* das Ziel nun konkret erreicht werden kann. Hilfreich kann hierbei eine Grafik sein, in der das Ziel sowie die drei Bereiche (Möglichkeiten zum Versteck-Spiel und Rückzugsmöglichkeiten, Kletterbereich, Wasserexperimentiermöglichkeiten) auf ein Plakat geschrieben werden. Zu jedem Bereich werden Ideen notiert, wie die Gestaltung dieses entsprechenden Außenbereichs umgesetzt werden könnte.

Einzelne Schritte festlegen: Wurden ausreichend Ideen gesammelt, beginnt das Team *einzelne Schritte* zu definieren, die nun in die Wege geleitet werden müssen, um das Hauptziel zu erreichen. Vor allem der Beginn sollte dabei genau definiert werden. Es wird ein *Zeitplan* erstellt, in dem festgehalten wird, welche Schritte wann erreicht sein sollten. Ein erster Punkt könnte beispielsweise die Entfernung alter Spielgeräte sowie eine Aufräumaktion des Gartens sein, der bis zum 31. Mai erreicht werden sollte.

Aufgabenverteilung: Nachdem der Zeitplan steht, können nun die Aufgaben (→ Frage 7) verteilt werden. Die Verantwortung über das gesamte Projekt trägt die Leitung, die Mitarbeiter übernehmen aber die Verantwortung (→ Frage 46) für ihre eigenen Kompetenzbereiche. Zum Beispiel übernehmen zwei pädagogische Fachkräfte die Bepflanzung des „Versteck- und Rückzugsbereichs", da diese sich mit Pflanzen auskennen oder vielleicht sogar einen Gärtner kennen, der ihnen dabei hilft.

Regelmäßige Rückmeldungen festlegen: Neben der Verteilung der Aufgaben ist es ebenso wichtig, *Ansprechpartner* festzulegen, die im Zweifelsfall unterstützen können und an die *regelmäßige Rückmeldungen* gegeben werden, was den Verlauf des Projektes betrifft. Die Mitarbeiter könnten sich beispielsweise in einem zweiwöchigen Rhythmus treffen, um über die Vorgehensweise und Fortschritte in ihren Kompetenzbereichen zu berichten und gegebenenfalls neu zu planen.

Zeitnaher Ausblick: Die Festlegung eines zeitnahen Ausblicks ist wichtig, um das entfernte Ziel (Umgestaltung des Außenbereichs), welches womöglich erst in einem halben oder einem Jahr erreicht sein wird, in die Gegen-

In Bewegung bleiben –

wart und damit in den Bereich des konkret Machbaren zu rücken. Daher werden die ersten Schritte definiert: „Mit was kann morgen begonnen werden?" Die einzelnen Mitglieder legen konkret machbare Handlungen fest, die sie am nächsten Tag bzw. in absehbarer Zeit ihrem Ziel etwas näher bringen.

Zusammenfassung: Zum Abschluss werden die definierten *Ziele* sowie der festgelegte *Prozess* zu ihrer Erreichung zusammengefasst. Damit werden die Mitarbeiter für den bevorstehenden Weg sensibilisiert. Auch schafft eine Zusammenfassung Verbindlichkeit, wenn man sich beispielsweise bei kritischen Punkten auf eine Variante festgelegt hat. Jedes Teammitglied notiert sich seine konkreten Aufgaben, die Zeitangaben, helfende Personen sowie auch seine persönliche Fähigkeiten, die zur Erreichung der Gartenneugestaltung beitragen.

Die Kita-Leitung und festgelegte Teammitglieder, die als Projekt-Leader fungieren, sind für die einzelnen Teammitglieder in diesem Zielführungsprozess sowohl Ideengeber und Ideensammler als auch Strukturgeber und Ansprechpartner.

50 Wie flexibel kann Planung sein?

Ein guter Plan zeichnet sich dadurch aus, dass er entsprechend des Umfangs der Aufgaben genügend „Überprüfungspunkte" (→ Frage 51) hat. Diese „Überprüfungspunkte" sind Termine, an denen geklärt wird, ob der restliche Plan inhaltlich und zeitlich noch aktuell ist oder ob er überarbeitet werden muss.

Planung ist somit sehr wichtig, denn ohne sie könnten größere Ziele (→ Frage 49) bzw. Projekte in der Kita nicht realisiert werden. Aber muss wirklich *alles* durchgeplant werden? Auch Flexibilität ist im Kita-Alltag wichtig. Jeder Tag hält Herausforderungen bereit und kein Tag gleicht dem anderen, da die Arbeit mit Menschen im Mittelpunkt steht und sich sowohl die pädagogischen Fachkräfte als auch die Kinder und Eltern stets weiterentwickeln. Es entsteht jeden Tag eine dynamische Entwicklung, die sich natürlich nicht bis ins Detail planen lässt – und das ist selbstverständlich gut so. Gerade die unverhofften Momente fördern eine persönliche Entwicklung.

Teamziele

Das, was geplant werden kann und soll, sind *Strukturen* und *einzelne Elemente* des Tages bzw. einer zeitlichen Periode:

- *Besprechungen* und *Sitzungen* (durch Gesprächsprotokolle, die vorher ausgefüllt werden, um sich auf Themen vorzubereiten und Zeiten einzuplanen)
- Immer *wiederkehrende Aufgaben* (durch genaue Beschreibungen der Aufgaben und einer klaren Aufgabenverteilung)
- *Aufgaben*, an denen *mehrere Personen* beteiligt sind (durch eine genaue Aufgabenbeschreibung, klare Erwartungsformulierungen und eine Aufgabenverteilung, damit jedem sein Handlungs- und Kompetenzbereich bekannt ist)
- *Gemeinsame Projekte* (durch ein sichtbare Planung und Zielformulierung sowie einer transparenten Vorgehensweise, einem Zeitplan und einer klaren Aufgabenverteilung)

Zudem sollten bei der Durchführung bestimmte Planungsregeln eingehalten werden. Diese bestehen aus den hier bereits oft angeführten Faktoren eines gleichen Wissensstands aller Beteiligten sowie eindeutigen und nachvollziehbaren Rahmenbedingungen. Nur so können die Teammitglieder auch Verantwortung (→ Frage 46) für ihre Aufgaben übernehmen. Zudem werden für die Zielplanung Formulare erstellt, in die die jeweils erreichten Meilensteine eingetragen werden können – dies gibt den Mitarbeitern Sicherheit bei der Umsetzung ihrer Teilziele, da sie sich durch das Ausfüllen der Formulare mit den jeweiligen Projektabschnitten nochmals intensiv auseinandersetzen. Die Charakteristik von effektiver Planung ist, dass sie verständlich wie auch hilfreich ist, aber gleichzeitig auch Raum für die eigene Entwicklung zulässt.

Planung ist dann besonders effektiv, wenn sie von Zeit zu Zeit reflektiert und gegebenenfalls verändert wird. Eine effektive Planung wirkt im Alltag unterstützend und nicht einschränkend. Das heißt, dass auf Veränderungen (→ Frage 9) schnell und flexibel reagiert werden kann. Sie motiviert alle Beteiligten, da diese Mitspracherecht haben, Einblicke erhalten und sich aktiv am Gelingen beteiligen können. Werden bestimmte Aufgaben und Projekte geplant und haben diese eine sichtbare Struktur, so vermittelt dies Sicherheit im Handeln. Durch diese klare Struktur können sich die Beteiligten auf die Inhalte konzentrieren und sich kreativ und flexibel einbringen.

In Bewegung bleiben –

51 Wie sollte vorgegangen werden, wenn der Zeitplan eines Projekts verzögert ist?

Eine **effektive Planung** (→ Frage 50) macht sich durch eine klare Struktur bemerkbar. Diese Struktur setzt sich aus *Inhalten*, *Aufgaben* und einem *Zeitplan* zusammen, der für die Beteiligten sichtbar, verständlich und nachvollziehbar ist. Eine komplexere Planung, die die Erreichung größerer **Ziele** (→ Frage 49) umfasst, besteht aus mehreren Schritten, für die jeweils ein bestimmtes Zeitfenster eingeräumt wird. Was passiert aber, wenn bereits der erste Planungsschritt nicht eingehalten werden kann, z. B. aufgrund mangelnder Zeit oder anderweitigen Prioritäten?

Um das Projekt trotzdem durchführen zu können, muss sich die Planung dazu flexibel gestalten, d. h. der Plan sollte jederzeit mit allen Beteiligten überarbeitet und weiterentwickelt werden können. Wenn die Teammitglieder an Überprüfungszeitpunkten feststellen, dass ein Ziel nicht realisierbar oder unvorteilhaft ist, kann folgendermaßen darauf reagiert werden:

Erkennen und analysieren: Wenn das Problem erkannt wird, sollte es eindeutig definiert werden. Die aufgetretenen Schwierigkeiten müssen konkret analysiert werden. Beispielsweise geht es hier um unattraktive Inhalte, eine Überforderung einzelner Mitarbeiter durch zu komplexe Aufgaben, eine unklare Aufgabenverteilung oder auch ein zu knappes Zeitfenster.

Überarbeiten: Alle Beteiligten überlegen gemeinsam, wie weiter vorgegangen werden soll. Es empfiehlt sich, eine Gedankensammlung zu erstellen, in der die Inhalte, Aufgabengebiete und der dazu benötigte Zeitplan genau definiert werden. Ist beispielsweise eine Mitarbeiterin in ihrem Aufgabenbereich überfordert, da er sich komplexer darstellt als zunächst angenommen, werden mögliche **Unterstützungsmöglichkeiten** (→ Frage 21) überlegt.

Konsequenzen: Man sollte sich nicht nur überlegen, wie weiter vorgegangen werden sollte, sondern auch, welche Konsequenzen sich aus der neuen Planung ergeben: „Wer ist davon wie betroffen? Wie können wir uns unterstützen?" Ist eine Mitarbeiterin für einen Kompetenzbereich zuständig, der andere Aufgabenbereiche tangiert und z. B. ihre Tätigkeit im Gruppendienst einschränkt, wird über einen Wechsel dieser Aufgabenbereiche nachgedacht.

Überprüfungsdatum festlegen: Ein konkreter Termin zur Überprüfung der neuen Planung wird festgelegt. Dieser sollte realistisch, zeitnah und von

Teamziele

allen Beteiligten als machbar bestätigt werden. Auch hier gilt es abzuwägen, welche Aufgaben zeitnah erledigt werden können, wenn beispielsweise die Motivation (→ Frage 48) für dieses Projekt gerade hoch ist. Es gilt auch, sich zu überlegen, welche Aufgaben mehr Zeit brauchen und zu einem späteren Zeitpunkt nochmals überdacht bzw. reflektiert werden sollten.

Zusammenfassen: In einer abschließenden Zusammenfassung wird die überarbeitete Planung schriftlich festgehalten. Sie wird dadurch für alle sichtbar gemacht und erlangt eine Verbindlichkeit, an die sich alle Beteiligten für die kommende Zeit zu halten haben.

Wird festgestellt, dass die Inhalte, Aufgaben oder Zeiten einer Planung nicht funktionieren oder eingehalten werden können, muss mit dem Plan flexibel umgegangen werden. In der Praxis bedeutet das, wie hier aufgezeigt, die Planung zu analysieren, sie zu überarbeiten und ein konkretes Datum festzulegen, an dem die Effektivität der neuen Planung überprüft wird.

Die Planung sollte als ein dynamischer Prozess begriffen werden, in dessen Verlauf sich die Beteiligten positiv entwickeln und mit ihren persönlichen Qualitäten (→ Frage 16) einbringen können. Insofern können auch zeitverzögerte Projekte als Chancen begriffen werden, die die persönliche Weiterentwicklung vorantreiben können.

Fragen und Antworten zu:

Souverän durch den Kita-Alltag – Übungen zur Teamstärkung

Übungen zur Teamstärkung

52 Welche Teamübung gibt es zur Unterstützung der sozialen Kompetenzen?

Soziale Fähigkeiten (→ Frage 14) sind die Basis eines guten Kontakts und eines reflektierten Miteinanders im Team. Diese Kompetenzen unterteilen sich in folgende Bereiche:

- *Einfühlungsvermögen*
- *Kommunikation*
- *Kritikfähigkeit*
- *Stärkung der Team-Beziehungen*
- *Reflexionsfähigkeit*

Um diese Fähigkeiten zu trainieren, werden Stationen zu den einzelnen Kompetenzen aufgebaut. Diese Einheiten könnten dann beispielsweise nach und nach in Teamsitzungen durchgeführt werden. Die Übungen erfolgen darüber hinaus immer paarweise. Erfolgt jeweils eine Übung pro Teamsitzung, so werden die Paare solange getauscht, bis jeder mit jedem die jeweilige Übung absolviert hat.

Station „Einfühlungsvermögen" (→ Frage 14): In dieser Übung geht es darum, die *Sichtweise des anderen kennenzulernen* und einen Einblick in das Denken, Fühlen und Handeln des Gegenübers zu bekommen.

Jedes Teammitglied bringt einen Gegenstand mit, der symbolisch für ein Tätigkeitsfeld der letzten Zeit steht. Die zwei gegenüber sitzenden Personen gestalten nun ein Frage-Antwort-Spiel zu diesem Gegenstand, in dem einer aktiv Fragen stellt und zuhört. Spieler A hat seinen Gegenstand in der Hand und antwortet auf die Fragen, die Spieler B dazu stellt. Spieler B hört zu und beobachtet dabei ganz genau. Anschließend tauschen die beiden die Plätze. Spieler B fasst nun die gehörten Antworten zusammen. Spieler A gibt nun Feedback, ob die Wahrnehmung von Spieler B mit seinen Aussagen übereinstimmt. Dann wird getauscht.

Station „Kommunikation" (→ Frage 32, 33): Diese Übung macht deutlich, wie wichtig *klare Ansagen*, eine *positive innere Einstellung* und *ICH-Botschaften* sind.

Jede zweier-Gruppe setzt sich vor einen Tisch mit Bauklötzen und bekommt die Anweisung, ein stabiles und hohes Gebäude zu bauen. Spieler A ist „der Chef", Spieler B befolgt die Anweisungen. Spieler A achtet darauf, klare Anweisungen in „ICH-Botschaften" zu geben, und Spieler B entscheidet, ob seine Einstellung zu Spieler A positiv oder negativ ist und reagiert dementsprechend. Sobald das Gebäude fertig ist, wird es abgemessen, die Höhe aufgeschrieben und die Rollen getauscht. In der anschließenden Reflexionsrunde wird überlegt, welche Anweisungen klar waren und wie die eigene Einstellung zum Gelingen der Aufgabe beigetragen hat.

Station „Kritikfähigkeit": Kritik in einem Spiel zu üben, fördert die *Sensibilität beim Finden wertschätzender und sachlicher Worte*. Vor Beginn des Spiels werden die allgemeinen Regeln für Kritik (→ Frage 36) noch einmal sichtbar dargestellt.

Eine kurze und interessante Geschichte wird kopiert und an die Spieler verteilt. Jedes Spielerpaar bekommt, wenn vorhanden, eine Videokamera oder ein Tonaufnahmegerät. Spieler A liest die Geschichte laut vor und Spieler B übt sensible Kritik auf der sachlichen Ebene: „Zum besseren Hören finde ich es wichtig, dass du langsamer liest und nach jedem Satz eine Pause machst", oder „Ich finde es wichtig, dass du deine Worte mit Gesten unterstreichst, dann wird der Text für mich verständlicher." Zur Unterstützung der Kritik und zur Selbstreflexion wird das Video angesehen oder die Tonaufnahme wiedergegeben. Auch hier kann sachliche Kritik erfolgen. Anschließend werden die Spielpositionen getauscht und am Ende Kritikfeedback gegeben: „Welche Kritik konnte angenommen und umgesetzt werden und warum?"

Station „Stärkung der Teambeziehungen" (→ Frage 15): Hier werden *Inhalte einer professionellen und stabilen Beziehung definiert*.

Die Übung heißt: „Ein Star bewirbt sich". Zwei Spieler sitzen sich gegenüber. Spieler A stellt sich vor, er wäre ein Regisseur, der einen neuen Film dreht. Spieler B überlegt sich, als welcher prominente Star er sich gegenüber von Spieler A setzt. Die beiden Spieler stellen sich gegenseitig vor. Spieler B erklärt dann: „Ich möchte gerne in Ihrem Film mitspielen, welche Qualitäten muss ich erfüllen, damit Sie sich eine berufliche Zusammenarbeit mit mir vorstellen können?" Spieler A überlegt sich Qualitäten, die für ihn eine professionelle Berufsbeziehung ausmachen und äußert diese. Spieler B notiert diese Qualitäten. Anschließend werden die Rollen von „Star" und „Regisseur" getauscht. Am Ende der Übung werden alle genannten beruflichen Qualitäten dargestellt und reflektiert.

Es empfiehlt sich, die Übungen in gleicher oder veränderter Weise regelmäßig zu trainieren, da es bestimmt in den unterschiedlichen Gruppenphasen (→ Frage 5) zu unterschiedlichen Spielverläufen und Ergebnissen kommt.

Übungen zur Teamstärkung

53 Welche Teamübung stärkt Konfliktlösungskompetenz?

Eine Teamübung zur Konfliktlösung (→ Frage 41) wird präventiv angewandt. Sie kann aber auch im Konfliktklärungsprozess eingesetzt werden: Hier sollte zunächst ein Durchgang mit einer erfundenen Thematik trainiert werden, dann sind die Spielregeln bereits klar, wenn es um die eigentliche Konfliktthematik geht.

Konfliktlösung beinhaltet das *bewusste Äußern* von Meinungen der Konfliktpartner, das *Abwägen von Inhalten* sowie die *Bereitschaft zu Kompromissen* und den *Willen, Lösungen zu finden*, die für alle Beteiligten machbar sind.

Vor Beginn der Übung werden die Regeln des Miteinanders im Konfliktfall (→ Frage 40) besprochen, z. B. dass Kritik (→ Frage 36) sachlich und als ICH-Botschaft (→ Frage 32) geäußert wird und Respekt vor jeder Meinung vorhanden sein sollte. Außerdem wird eine neutrale Person als Moderator des Spiels festgelegt. Dieser Moderator erklärt bei jedem Schritt die Inhalte und Aufgaben.

Die Basis dieser Übung bietet das Bilderbuch „Die Brücke" von Heinz Janisch und Helga Bansch (oder eine Geschichte mit einer ähnlichen Thematik): „Eines Tages treffen der Bär und der Riese aufeinander – in der Mitte einer langen, schmalen Brücke. Keiner will umkehren, keiner will nachgeben" (Janisch/Bansch 2011, S. 30).

Die Übung dauert ca. 40 Minuten. Decken, Alltagsmaterialien zum Bauen der Insel, Steine, 14 kleine Kärtchen, mehrere kleine Zettel, zwei große Blätter Papier und Stifte werden benötigt und sollten im Vorfeld bereitgelegt werden. Der Ablauf der Übung gestaltet sich folgendermaßen:

Das Team teilt sich in zwei Gruppen. Jede Gruppe erhält ein Blatt mit einer erfundenen Thematik und einer Meinungsvorgabe:

- *Gruppe 1*: „Ein Teil des Teams möchte am Eltern-Kind-Fest ein Theaterstück aufführen, bei dem alle Kinder (1–12 Jahren) einbezogen werden sollen. Ihr seid dagegen und möchtet stattdessen ein Sommerfest mit Spielen veranstalten. Bereitet Meinungen, Argumente und inhaltliche Vorschläge vor!"
- *Gruppe 2* bekommt das Blatt mit dem Auftrag, Meinungen, Argumente und inhaltliche Vorschläge für ein gemeinsames Theaterstück zum Eltern-Kind-Fest vorzubereiten.

Souverän durch den Kita-Alltag –

Beide Gruppen richten sich mit den bereitgestellten Materialien einen Platz in einer jeweils *entgegengesetzten Ecke des Raumes* ein (dies ist ihre sog. „Insel") und beginnen mit ihren Überlegungen gemäß jeweiliger Aufgabenstellung. Sie schreiben ihre Meinungen, Argumente und Vorschläge zu ihrer Thematik auf *ein großes Blatt*. Sie sollten hierbei nicht nur ihren eigenen Standpunkt berücksichtigen, sondern auch bedenken, wie ihre Perspektive mit den Bedürfnissen der Zielgruppe (Eltern und Kinder) vereinbar ist, um die es ja letztendlich geht.

Nachdem ausreichend Zeit für diese inhaltliche Vorbereitung vergangen ist (ca. 20 Minuten), stellen beiden Parteien sich gegenseitig ihre Argumente vor.

Danach erhält jede Gruppe *sieben Kärtchen*, auf die sie ihre *wichtigsten Anliegen* schreibt (ein Argument pro Karte). Sie legen sich dann von den sieben Karten auf drei Punkte fest, die ihrer Meinung nach für ein gelungenes Eltern-Kind-Fest am wichtigsten sind. Diese drei Kärtchen sollen auf „ihrer Insel" liegen bleiben.

Bevor der nächste Teil der Übung beginnt, überlegen sich die einzelnen Gruppen noch, welche Qualitäten (→ Frage 23) es braucht, um *ein Stück aufeinander zugehen zu können*. Sie halten ihre Überlegungen ebenfalls schriftlich, auf separat bereitgestellten Zetteln, fest (z. B. Miteinander eine Lösung finden, Zuhören oder Aufmerksamkeit bekommen).

Nun beginnt der „Brückenbau", der das aufeinander Zugehen der beiden Parteien symbolisiert: Die beiden Gruppen nutzen die bereitgestellten Materialien und bauen eine Brücke zwischen der eigenen und der gegenüberliegenden Insel. Auf die einzelnen Brückenbausteine werden dabei die Zettel des aufeinander Zugehens verteilt.

Die Gruppen gehen nun *aneinander auf der Brücke vorbei* und betreten die „Insel" der jeweils anderen Gruppe. Hier vollzieht sich symbolisch der Perspektivenwechsel (→ Frage 14). Dort lesen sie zunächst die drei Kärtchen der gegnerischen Partei. Es findet nun eine Diskussion und Inhaltsklärung der jeweiligen Argumentationspunkte statt. Wichtig ist hierbei, dass sich an die eingangs vorgestellten Kommunikationsregeln im Konfliktfall gehalten wird bzw. gerade dies hier geübt werden soll. Die auf den Brückenbausteinen abgelegten Zettel zu den Qualitäten des aufeinander Zugehens sollten ebenfalls während der Diskussion im Hinterkopf behalten werden. Schlussendlich entscheidet sich jede Gruppe für jeweils zwei Kärtchen der „frem-

Übungen zur Teamstärkung

den Insel", mit denen sie sich halbwegs arrangieren kann und die somit zu einem *Kompromiss* beitragen könnten.

Die Gruppen gehen danach mit den beiden Kärtchen zurück auf ihre eigene Insel. Jedes Gruppenmitglied nimmt ein Stück der eigenen Insel in die Hand und alle treffen sich in der Mitte der Brücke. Hier wird aus den mitgebrachten Gegenständen eine *gemeinsame Insel* gebaut, diese steht symbolisch für den „gemeinsamen Nenner". Anschließend werden die übrigen vier Kärtchen vorgelesen und nach einem finalen Kompromiss für ein gemeinsames Eltern-Kind-Fest gesucht. Die Lösung wird auf einem Plakat festgehalten. Die beiden Parteien reichen sich (nicht nur symbolisch) die Hände, verabschieden sich und räumen die Materialien auf.

Zum Abschluss der Übung wird ihr Ablauf sowie die vorgefallenen Geschehnisse reflektiert: „Was ist gut gelungen? Worauf müsste bei einem realen Konflikt geachtet werden?", könnten einige Fragen lauten, die hier abschließend diskutiert werden.

54 Welche Teamübung unterstützt die Stärken der einzelnen Teammitglieder?

Die Übung zur Förderung der Stärken der einzelnen Teammitglieder und damit für das gesamte Team heißt: „Durch die Stärken-Brille gesehen".

Im Vorfeld der Übung basteln sich die Teammitglieder entweder eine „Stärken-Brille", holen sich aus der Faschingskiste eine entsprechende Brille oder verlassen sich einfach auf ihre Fantasie.

In diesem Training stehen ausschließlich die *Fähigkeiten und Ressourcen* der Teammitglieder im Fokus. Es wird eine Person ausgewählt, die als Moderatorin durch diese Übung führt, die ca. 40 Minuten dauert. Jeder Teilnehmer benötigt darüber hinaus eine Unterlage zum Sitzen, einen Stift und ein leeres Blatt Papier.

Ein großes, unbeschriebenes Plakat wird in die Mitte des Raumes gelegt. Jedes Teammitglied sucht sich mit seiner Brille, Stift und Blatt Papier ausgestattet einen ruhigen Platz im Raum. Die Moderatorin schlägt eine Klangschale, einen Gong oder lässt eine CD mit Entspannungsmusik laufen. Sie

Souverän durch den Kita-Alltag –

bittet die Teammitglieder, die „Stärken-Brille" aufzusetzen und sich nun ganz auf sich und den eigenen Atem zu konzentrieren.

Nun beginnt die Moderatorin zu erzählen (in der „Du"-Form, da hier die kindliche Fantasie angesprochen werden soll): „Stell dir vor, wie du morgens in die Kita kommst. Du spürst den Boden unter deinen Füßen, nimmst den Geruch der Kita wahr, siehst die Fotos an den Wänden und gehst in den Personalraum. Hier hängst du deine Jacke auf und ziehst deine Hausschuhe an. Hoppla, was liegt denn hier in deinen Schuhen? Hier liegt deine Fantasiebrille, die du dir ansiehst und dann aufsetzt. *Mit dieser Fantasiebrille darfst du heute nur deine Fähigkeiten und Stärken sehen, den ganzen Tag lang.* Du setzt dich in die Gruppe, gibst den Kindern die Hand zur Begrüßung. *Welche Fähigkeiten nimmst du hier an dir wahr?* Du sprichst mit Eltern, die ihre Kinder bringen. *Welche Fähigkeiten nimmst du hier an dir wahr?* Du führst mit den Kindern ein Projekt durch. *Welche Fähigkeiten nimmst du hier an dir wahr?*"

Nach diesem Prinzip geht die Moderatorin den ganzen Kita-Tag durch und stellt nach jeder Station die Frage: *„Welche Fähigkeiten nimmst du hier an dir wahr?"* Die Teilnehmer schreiben während dieser Fantasiereise ihre Fähigkeiten auf ihr Blatt. Wichtig ist, dass die Moderatorin ihnen jeweils genügend Zeit hierfür lässt.

Die Fantasiereise endet mit den Worten: „Am Ende des Tages gehst du wieder in den Personalraum und ziehst deine Jacke an. Du ziehst deine Hausschuhe aus und nimmst deine Fantasiebrille mit nach Hause, mit der Gewissheit, dass du sie jederzeit wieder aufsetzen kannst. Du kommst mit deinen Gedanken wieder hierher zurück in diesen Raum, schaust dich um und liest deine Fähigkeiten!"

Nachdem die Teammitglieder die Mitschriften zu ihren eigenen Fähigkeiten durchgelesen haben, drehen sie ihr Blatt um und stehen auf. Die Moderatorin ermutigt sie nun, die Fähigkeiten, die sie bei jedem Kollegen sehen, auf die leere Seite ihres Blattes reihum aufzuschreiben.

Nun sucht sich jeder Teilnehmer ein bis zwei Stärken seines (vorne und hinten beschriebenen) „Stärken"-Blattes aus, unabhängig davon, ob das die eigenen oder die Fähigkeiten ihrer Kollegen sind. Diese werden nun auf das Plakat in der Mitte geschrieben. Am Ende wird ein passender Titel für dieses Teamplakat gesucht, z. B. „Wir sind ein starkes Team" oder Ähnliches. Eine weitere Möglichkeit besteht darin, diese Fähigkeiten in das Team-ABC

(→ Frage 55) einzufügen. Dieses Plakat könnte dann im Personalraum aufgehängt werden.

Die Übung „Durch die Stärken-Brille gesehen" ermutigt die Teammitglieder erstens, ihre Stärken bewusst wahrzunehmen, und zweitens, auch in **herausfordernden Zeiten** (→ Frage 9, 40) zu erkennen, welche wertvollen Stärken die Einzelnen bzw. das gesamte Team besitzen.

Was ist ein „Team"-ABC?

Jedes einzelne Teammitglied ist in der Kita jeden Tag aufs Neue gefordert. Ein gutes Betriebsklima trägt zur effektiven Arbeit bei. Es kommt auf jeden Einzelnen, aber auch auf die **Gemeinschaft** (→ Frage 15) an: da ist **Teamgeist** (→ Frage 26) gefragt. Dieser kann durch ein „Team-ABC" sichtbar gemacht werden. Die Intentionen eines „Team-ABC's" sind:

- *Identifikation* mit der Einrichtung
- Erkennen und Einbringen der *eigenen Fähigkeiten und Ressourcen*

Es wird ein großes, unbeschriebenes Plakat sowie pro Teilnehmer ein Blatt Papier und Stifte benötigt. Die Durchführung der Übung dauert ca. 40 Minuten.

Auf das große Plakat werden nacheinander die Buchstaben des Alphabets geschrieben. Die Teammitglieder beginnen zunächst mit einer *Gedankensammlung*, welche **Werte** (→ Frage 24) ihnen für ihr Team wichtig sind und welche **Qualitäten** (→ Frage 23) ihr Team ausmachen. Sie halten diese auf ihren eigenen Blättern schriftlich fest.

Aus dieser Gedankensammlung werden die fünf bis zehn *wichtigsten Qualitäten* ausgesucht und zum jeweiligen Anfangsbuchstaben des Alphabets auf dem großen Plakat zugeordnet und aufgeschrieben.

Anschließend überlegen sich die Teammitglieder die *Qualitäten, die sie an der Zusammenarbeit mit ihren Kollegen schätzen* und die ihre pädagogische Arbeit in der Gruppe ausmachen. Am Ende sucht sich hiervon jedes Teammitglied eine oder zwei dieser Qualitäten aus und schreibt auch diese auf das große Plakat. Da die Buchstaben irgendwann „ausgehen" bzw. womöglich nicht jeder Buchstabe des Alphabets für eine entsprechende Qualität stehen kann, ist es auch zulässig, eine Qualität einem Buchstaben zuzuordnen, der in dem entsprechenden Qualitätsmerkmal vorkommt.

Somit entsteht nach und nach ein gemeinsames Team-ABC, das sichtbar im Personalraum aufgehängt werden kann. Dieses Team-ABC wird regelmäßig, etwa bei der Reflexion der Teamkultur (→ Frage 25) mit allen Kollegen gemeinsam erneuert und reflektiert.

Durch dieses Team-ABC gibt es einen Ort in der Kita, an dem die Stärken des Einzelnen wie auch des Teams, also der gemeinsame „Teamgeist", sichtbar gemacht werden.

Literatur

Blau, L. T. (2011): Wie ein Kind laufen lernt. Aus: Heß, H. (Hrsg.): Erzählbar – 111 Top-Geschichten für den professionellen Einsatz in Seminar und Coaching. 1. Auflage. Bonn. (S. 228)

Friedrich, H. (2008): Beziehungen zu Kindern gestalten. 4. Auflage. Berlin.

Hagehülsmann, U./Hagehülsmann H. (2007): Der Mensch im Spannungsfeld seiner Organisation – Transaktionsanalyse in Managementtraining, Coaching, Team- und Personalentwicklung. 3. Auflage. Paderborn.

Herzlieb, Heinz-Jürgen (2012): Konflikte lösen – Konfliktpotential erkennen – in Konfliktsituationen souverän agieren. Berlin.

Janisch, H./Bansch, H. (2011): Die Brücke, 2. Auflage. Wien.

Kohlmann-Scheerer, D. (2007): Kontern – aber wie? Gekonnt kontern – frech parieren. 2. Auflage. Offenbach.

Küstenmacher, M./Küstenmacher, W. T. (2005): Simplify your life – Den Arbeitsalltag gelassen meistern. Frankfurt am Main.

Schulz von Thun, F. (2005): Miteinander reden: 1, Störungen und Klärungen, Allgemeine Psychologie der Kommunikation. Sonderausgabe März. Reinbek bei Hamburg.

Stichwortverzeichnis

Abgrenzung 34, 71
Agenda 68
Aufgaben 16
Aufgabenverteilung 69, 89

Belastbarkeit 33
Beziehungen 31, 95
Beziehungsebene 70

Einfühlungsvermögen 29, 95
E-Mail 57
Emotionale Ebene 70
Empathie 29
erfolgreiches Team 23

Feedback 49, 65, 67
Flexibilität 31, 90

Gedankensammlung 20, 74, 89, 92
Gesprächsregeln 63
Gruppendynamik 23, 37

Herausforderungen 21

Ich-Botschaften 61, 63, 66, 67

Klärung 34
Kollegialität 30, 31
Kommunikation 23, 29, 45, 56, 60, 69, 82, 95
Kommunikationsebenen 31, 70
Kompromisse 40, 72
Konfliktbewältigung 29
Konflikte 17, 33, 70
Konfliktlösungskompetenz 97
Konfliktlösungsprozess 75
Konfliktmanagement 74

Körpersprache 62
Kritik 49, 63, 65
Kritikfähigkeit 95

Leitung 80

Missverständnisse 22, 60, 71
Mitarbeitergespräche 82
Motivation 31, 45, 84

neues Teammitglied 41

Öffentlichkeitsarbeit 53
Organigramm 18

Perspektivenübernahme 29, 74
Planungen 32, 91
Prioritäten 33

Rahmenbedingungen 31, 38, 50, 85
Reflexion 17
Reflexionsfähigkeit 95
Regeln 10
Rituale 17, 51, 69, 76
Rolle 14, 15, 26
Rückzug 22

Sachebene 61, 66
Sachliche Ebene 70
Schulz von Thun, Friedemann 58
Selbstreflexion 32
Siezen 64
Small-Talk 39, 56
Soziale Kompetenzen 28
Strukturen 16, 18

Teamarbeit 38
Teamfähigkeit 27
Teamfindungsprozess 20
Teamkultur 16, 23, 49, 51, 76
Teamleitung 78
Teamphasen 12, 49
Teamregeln 23
Teamsitzungen 22, 39, 57, 68, 83
Teamstärkung 57
Teamübung 27, 60, 95, 97, 99
Tür- und Angelgespräche 56, 84

Überforderung 22
Überprüfungsdatum 92
Umbruchphase 20
Unterstützung 40

Veränderungen 13, 19, 37, 70, 88
Verantwortung 81, 91
Vier-Ohren-Modell 58

Wahrnehmung 71
Weiterentwicklung 21
Wir-Gefühl 10, 39, 50

Zeitplan 92
Ziele 24, 88
Zielgruppen 47
Zielvereinbarungsgespräche 82
Zusammenhalt 51